Reiner Schrader

Von *Sappho* bis *de Chirico*

AF288499

Gedichte · Vorbilder · Nachdichtungen

Herstellung: Books on Demand GmbH
ISBN 3-8311-2195-8

Reiner Schrader

Von *Sappho* bis *de Chirico*

Gedichte · Vorbilder · Nachdichtungen

„Als er die Rechtsschule als Beamter zehnter Klasse verlassen und vom Vater Geld für die Equipierung erhalten hatte, bestellte sich Iwan Iljitsch einen Anzug bei Scharmer, hängte sich an die Uhrkette zu den Anhängseln eine kleine Medaille mit dem Spruch „Respice finem", verabschiedete sich...und fuhr...in die Provinz, um den ihm von seinem Vater verschafften Posten eines Beamten für besondere Aufträge beim Gouverneur anzutreten. "

Leo Tolstoi; Der Tod des Iwan Iljitsch, 1886

Bei den Gedichten, die in diesem Büchlein versammelt sind, handelt es sich in der Mehrzahl um solche, die ich mir selbst „ausgedacht" habe, aber auch um etliche, zu denen ich anderen die Vorarbeit verdanke: entweder als Werke von Dichtern, die ich nachgedichtet, oder als Vor-Bilder von Malern, die ich poetisch zu beschreiben versucht habe.

Dabei gebe ich zu, dass es einfacher ist, nachzudichten als neu zu entwerfen. Denn im ersten Fall ist ein Thema schon da, dazu ein Gerüst von Worten und Gedanken, das man nicht erfinden, sondern nur etwas anders füllen muss. Andererseits gibt es unzählige schöne, gehaltvolle Gedichte, die aus unterschiedlichen Gesichtspunkten nur unbefriedigend ins Deutsche übertragen sind und einen neuen und hoffentlich besseren Übersetzungsversuch geradezu herausfordern. Bei Bildern liegt der Reiz darin, die Poesie, die aus dem harmonischen Wechselspiel von Farben, Formen und Figuren spricht, in passende Worte umzusetzen. Außer der Bequemlichkeit, seine Fantasie anzuregen, sprechen also auch andere Gründe dafür, auf Vorhandenes zurückzugreifen und ihm ein neues Gesicht zu geben.

Zur Erläuterung der Gedichte, aber auch, um etwas Abwechslung zu schaffen von den lyrischen Kaskaden, habe ich als „Fußnote" kurze Kommentare beigefügt.

Thematisch stehen Vorstellungen wie *Vergänglichkeit, Nichtigkeit, Flüchtigkeit des Daseins* im Vordergrund. Das soll kein Übermaß an melancholischer Gemütsverfassung beweisen, sondern wesentliche Erscheinungen beleuchten, mit denen wir alle es unabhängig von unserem individuellen Schicksal zu tun haben. Für zukünftige Gedichte und Veröffentlichungen schweben mir auch andere Inhalte vor.

Hamburg, im Juni 2001

Der Tag entflieht

Die Uhr, ach, wieder einig mit dem großen Schatten,
in den die Nacht das raue Lied der Straße hüllt:
Wie ihre Zeiger nagen – Kumpanei von Ratten,
die ihre ew'ge Gier am Fraß der Stunden stillt!

Nur einen Augenblick ist's zehn, halb elf gewesen,
zu rasch vertilgt das Tier die duldende, die Zeit.
Kann uns denn nichts von dieser Völlerei erlösen,
die tickend an den Resten meiner Jahre käut?

Und auch der Schlaf, er schenkt uns scheinbar nur Erquicken
mit heitren Träumen in der schwerelosen Brust –
lässt sich die junge Sonne in der Frühe blicken,
seh ich im Spiegel wieder, ach: Ein Tag Verlust!

Wenn ich so sitze und dichte, habe ich die Wanduhr immer im Blick.
Der große schwarze Sekundenzeiger dreht ebenso träge wie unermüdlich seine
Runden über den „Innenhof" seines Zifferblatt-Knasts. Und ich muss diese Runden
mitgehen, die nirgendwohin führen, weil es aus der Zeit kein Entrinnen gibt.
Manchmal mache ich meinem Unmut mit ein paar Zeilen Luft. Diese hier schrieb ich
im November 1999.

Nur

Wie Wurst im Supermarkt sind wir geboren,
ders Datum des Verfalls schon aufgeprägt,
wie Vieh mit Clips an den bepelzten Ohren,
das stoisch seinen Plastikgrabstein trägt.

Ein Mückenfurz im Rauschen der Gezeiten,
ein Stäubchen in gewalt'ger Steppenflur,
ein Schritt, wenn hunderttausend Heere schreiten,
in jeder Fülle die Beschränkung: Nur...

Ein Schilfrohr, das die Winde lässig biegen,
ein Tropfen in der Lüfte Meer, im All:
Doch dieses mit dem Geiste rauszukriegen,
sei unsre ganze Würde - sagt Pascal.

Wie kaum ein Zweiter hat der französische Philosoph und Mathematiker Blaise
Pascal (1623 – 1662) die Verlorenheit des Menschen in einem gewaltigen Weltall
beschworen. Der Mensch ist ihm „ein Nichts angesichts des Unendlichen...ein
Schilfrohr, das schwächste in der Natur...ein Dampf, ein Wassertropfen kann ihn
töten". Nur dass er von seinem Elend weiß, mache ihn den blinden Kräften des
Kosmos überlegen. „Durch den Raum umgreift mich das All und verschlingt mich
wie einen Punkt; im Denken ergreife ich es". Unsere ganze Würde, so sein Trost,
besteht in unserer Fähigkeit zu denken.

Die Schöpfung

Was fürn Getöse hat's zur Stunde Null geben,
als der Allmächtige den Chaospunkt gesprengt:
Weiß Gott, wir taten gut daran, noch nicht zu leben,
der Feuerstoß hätt uns den Hintern angesengt!

Als wäre der Leibhaft'ge ihnen selbst erschienen,
so stob die Elektronenbrut ins All davon,
im eis'gen Nichts sich wo die Sporen zu verdienen
als Funke, der sie zündet: Galaxie und Sonn'.

Milliarden Jahre später, die bei IHM nicht zählen,
warn all die flücht'gen Teilchen ordentlich verklebt,
und IHM gefiel's, daraus ein Klümpchen auszuwählen,
das ganz verloren irgendwo am Rande schwebt.

Wir ahnen schon – ER hat die Erde auserkoren,
dass seine kühne Kreation sie glanzvoll krön,
dies Panorama von Gebirgen, Seen, Mooren,
des großen Beiworts wirklich würdig: wunderschön.

Und Bäume ließ er, Blumen darauf sprießen
und allerlei Getier, ob friedlich oder wild,
am sechsten Tage dann, den Kraftakt zu beschließen,
schuf mit Freund Homo ER, so der, sein Ebenbild.

Allein, vollkommen ist ihm dies wohl nicht geraten,
fehlt's ihm an Allmacht doch und steter Haltbarkeit –
ein Wurm, nährt er sich meist von seinen Missetaten,
vermiest dem Mitgewürm die kurze Lebenszeit.

...

Dies Fleckchen ward zum Paradiese ihm gegeben,
Oase in des Kosmos kalter Wüstenei,
und Geist, ihn aus der Triebe Finsternis zu heben,
dass er der Bestie Feind und Überwinder sei.

Doch welche Missgeburt ist dem Versuch entsprungen,
was für ein Wesen, würdig eines Maldoror!
An seiner Wiege haben Engelsscharn gesungen,
doch er leiht lebenslang dem Teufel nur sein Ohr!

Mit Weisheit und mit Liebe diese Welt zu lenken,
das ist der Rat, den still ihm die Vernunft erteilt,
indes er lärmend, lümmelnd, ohne groß zu denken,
von einer Rieseneselei zur nächsten eilt.

Das Körnchen Weisheit, das ER in den Lehm gesäet,
wie kümmerlich gedeiht's auf seinem fett'gen Grund:
Ein Pflänzchen, das im Nu entwurzelt und verwehet,
wenn Habgier sich erhebt mit Hass im Unheilsbund.

...

Die Dichter sind es nur und Philosophenköpfe,
die leidlich Hirn beweisen, das mit Herz gepaart,
und, Former ihrer eignen Fantasiegeschöpfe,
bescheidner Abglanz von des Weltenbauers Art.

O möchte doch die Poesie das Zepter schwingen,
in dumpfen Seelen wecken edleres Gefühl –
dann endlich könnten wir der Schöpfung Loblied singen,
den Menschen ihre Krone nennen, ja, ihr Ziel!

Ein klares Plädoyer für die bekannte Forderung Platons, dass die Könige
Philosophen und die Philosophen Könige sein sollen. Damit schließe ich
stillschweigend ein, dass die Poeten einer Philosophie huldigen – nämlich der
friedlichen, genussfreudigen Betrachtung der Natur und der menschlichen Gefühle.
Jedenfalls sieht es so aus, wenn man etwa eine Anthologie der „schönsten Gedichte
aus allen Ländern,, zur Hand nimmt und darin ein bisschen schmökert: Bis auf den
martialischen Alt-Spartaner Tyrtaios klingt das im Allgemeinen so, als könnte man
eine bessere Welt darauf bauen. Ich bin allerdings in keiner Reim-Vereinigung und
nehme auch nicht an poetologischen Symposien teil – wer weiß, ob die Lyra nicht
doch manchmal als Schlagwaffe dient.

La Granja, Mallorca

Hoch in den Hügeln, die in dichtem Grün geborgen,
auf steilen Wegen, die sich winden, nur erreicht,
duckt sich das Gut mit was weiß ich wie vielen Morgen,
das Gut La Granja, das nicht seinesgleichen gleicht.

Ach, wenn du glaubst, in diesen rustikalen Räumen
fänd'st du von bäuerlichem Wesen nur die Spur,
bloß ein Panoptikum von Sätteln, Sensen, Zäumen,
von Eggen und von Pflügen für die schräge Flur

Dann lass dich schauend eines Besseren belehren:
dass hier Geschmack einst herrschte, feine Lebensart –
ein bisschen Rokoko, Versailles, in allen Ehren
hat golden sich in manchem Möbelstück bewahrt.

Und da sogar die Bretter, die die Welt bedeuten:
Kulisse, Bühne – was man zum Theater braucht!
Wer sprach sein Verslein einmal hier? Vor welchen Leuten?
Wer hat der Kunst so ländlich Leben eingehaucht?

Auch die des Medicus schien man sehr hoch zu schätzen,
die sich mit viel Gerät ihr eignes Reich geschafft:
Sieh noch die Tücher, die verwelkte Tropfen netzen,
das bleiche Siegel längst verströmter Lebenskraft!

Und welche Fülle denen, die die Welt betraten!
Mit Spielzeug war ihr frühes Dasein vollgestopft.
Im bunten Reigen: Bälle, Puppen, Zinnsoldaten –
wie viele Herzen haben sich hier heiß geklopft!

...

Und während heiter sie und ohne Ahnung spielten,
hat drunten oft wem stärker noch die Brust gepocht –
dem Gast, den Ketten nur und Schelln am Orte hielten,
im rauen Kerker seines Kellers eingelocht.

Mit wie viel Kunst lässt einen Menschen man verrecken,
wenn sich zur Grausamkeit die Fantasie gesellt!
Hier das Verlies: Die Bank, ihm seinen Leib zu strecken,
der Weidenkorb, in den das Haupt vom Richtblock fällt.

Der Pfaffe, solche Untat billig zu begleiten,
hat sein Altärchen auch in diesem Haus gehabt –
beim Kabinett, wo über tausend lose Seiten
der Gänsekiel wohl manche Hiobspost geschabt.

Bald ist November, ach, und diese Blütenfülle!
Am Gartenfels rinnt kühl im Sonnenlicht der Quell –
und doch besuchte diese grimmige Idylle
der Winter einmal auch im Zeitenkarussell.

So einsam liegt es da wie eben erst verlassen,
ein Aschenhaufen, unter dem's noch weiterbrennt –
nein, die hier lebten, waren keine Hintersassen,
warn mehr als „Leute von Esporles, Puigpunyent"!

Wenn man sich den Sand der Massenstrände von den Füßen schüttelt und das sanfte
Grün der Sierra del Norte betritt, findet man nicht weit von Palma diesen alten
Gutshof, in dem sich das Ländlich-Mallorquinische seltsam mit dem Flair des
Weltläufigen paart. Man geht durch die Gärten, die Räume, die Keller, die sich
schweigend den tastenden Schritten der Touristen öffnen, und fühlt so etwas wie
Beklemmung über diese paradiesische Stätte, die nach Jahrhunderten emsigen
Lebens nun in musealem Dämmer liegt. Wie kaum an einem anderen Ort habe ich
hier den Hauch der Vergänglichkeit gespürt, gesteigert noch durch das Seufzen der
Quelle und den Liebreiz der Blüten im kühlen Schatten der Parkmauern.

Sein Ruhm

Den Lärm der Schlachten hat weiß Gott er nicht gemieden,
warf manches Mal sich in des Kampfes erste Reih –
doch mutiger schlug er sich meistens für den Frieden,
dass Blut der Kaufpreis nicht von Land und Leuten sei.

Für Festlichkeiten, nun, da ließ er gern was springen,
erfreute an der Fiedel sich, an Tisch und Tanz –
dem Untertan drum höh're Steuern abzuzwingen,
fiel ihm im Traum nicht ein zur Bess'rung der Bilanz.

Nein, hat mit Bauern er und Fischern sich getroffen
und dass wer darben musste irgendwo gewahrt,
dann war im Handumdrehn sein Seidensäckel offen
und an Dukaten für die Armen nicht gespart.

Und tat er's pünktlich nicht, das tägliche Regieren,
stand seinem Erbe nobel nicht, mit Würde vor?
Den Pinsel wusste er genauso gut zu führen,
und seine Stimme zählte mit im Dichterchor.

Kurzum: Ein Fürst, wie wir ihn aus dem Märchen kennen,
dem Volke Vater, Friedensbringer, gute Fee.
Dies Unikum, ich will es gern beim Namen nennen:
Graf von Anjou, Lorraine, Provence – le bon René!

Wenn's stimmt, war René von Anjou (1409 – 1480) wirklich ein vorbildlicher
Herrscher und eine seltene Ausnahme unter den bedenkenlosen Machthabern einer
selbstsüchtigen, gewalttätigen Zeit. Dieses positive Bild verdanke ich dem Roman
„Der gute König René" (1964) von Otto Rombach, den ich 1999 gelesen habe – nicht
in der Provence, aber immerhin unter der benachbarten Sonne Mallorcas.

Der brennende Dornbusch

Der Busch, er brennt, er brennt – wie konnte das geschehen,
und mittendrin, mein Gott, die Jungfrau mit dem Kind!
Kaum kann ich glauben, was da meine Augen sehen –
o diese Flamme, dieses Feuer macht mich blind!

Da tritt der Engel vor ihn hin, das Flügelwesen,
bedeutet ihm als wahr die göttliche Vision
und dass von seiner Furcht er möge rasch genesen:
Die Mutter Gottes rufe ihn von ihrem Thron.

Die Mutter Gottes? – Ja, für dich ist sie erschienen
und trägt den neugebornen Heiland auf dem Schoß,
mit glühndem Herzen dich zu bitten, IHR zu dienen
und liebevoll zu lindern deiner Völker Los.

Wie Gott sich Moses offenbart, ihm zu gebieten,
die Kinder Jakobs aus der Knechtschaft zu befrein,
so sucht ihn die Madonna heim beim Schafehüten,
und er, der Heil'gen huldigend, entblößt sein Bein.

Der Künstler wollt mit diesem Bild den König ehren:
Dass ihm vom Himmel selbst sein güt'ger Sinn entfacht.
Von diesem mochte sich dann wohl auch jenes nähren,
das sich die Späteren von Roi René gemacht.

Von den beiden einzigen Werken, die Nicolas Froment (um 1430 – um 1485),
Hofmaler Renés in Avignon, sicher zugeschrieben werden können, zeigt eines den
König im Kontext einer symbolträchtigen Marienerscheinung. Das Bild heißt „Der
brennende Dornbusch„ und stellt den Mittelteil eines Triptychons dar, das sich in der
Kirche St. Sauveur in Aix-en-Provence befindet. Ob diese Darstellung tatsächlich auf
einer Marienvision beruht oder nur eine schmeichlerische Apotheose des Königs ist,
weiß ich nicht. Zumindest ist das Sujet nicht ungewöhnlich – in jener (obrig-
keits-)gläubigen Zeit zog man die Grenze zwischen Herrschern und Heiligen nicht
sehr eng.

Auf leisen Sohlen

Auf leisen Sohlen kommt die Zeit
und schnappt sich ihre Beute –
nie weiß man, ob das Ende weit,
ob's einen trifft noch heute.

Sie hat von allem Raubgetier
gewiss die weichsten Pranken,
hält schleichend wen sie im Visier,
sind stummer nur Gedanken.

Es lebt gesund und unbeschwert
im Kreise wer der Seinen,
da jene jäh dazwischenfährt
und holt ihn von den Beinen.

Es springt am schönsten Sonnentag
der Jüngling seiner Wege.
Ein Quietschen. Knall. Mit einem Schlag
nimmt ihn Freund Hein in Pflege.

Der Greis, der schon der Dinge müd,
will schnell noch Rosen schneiden –
und wird, da jene voll erblüht,
erlöst vom Erdenleiden.

Wir geben meist dem Schöpfer Schuld
für solche Trauerfälle.
Doch ohne Vorwurf – mit Geduld,
dass er den Sinn erhelle.

...

Ach, lass den Alten aus dem Spiel,
hat damit nichts zu schaffen.
Der ist ja bloß, zu Zweck und Ziel,
'ne Ausgeburt der Pfaffen.

Der stete Wechsel Nacht und Licht,
der rasche Gang der Stunden,
des Dämmers namenlos' Gesicht,
der beide überwunden -

In diesem zügellosen Trott
verjuckeln Jahrmillionen,
die emsig werkelnd, wie ein Gott,
die Fantasie nicht schonen.

O Bildner, heb die starke Hand,
in Marmor sie zu hauen,
dass wir die Zeit, dies Niemandsland,
in Ruhe einmal schauen!

Da hat es mich wieder überkommen – dieses Gefühl, dass die Zeit ihre Kinder verschlingt, erbarmungslos wie im Mythos geschildert. (Das Bild ist zu schön, um darauf zu verzichten. In Wirklichkeit hat Kronos, der König der Titanen, mit Chronos, der personifizierten Zeit, wohl nichts zu tun, obwohl schon die alten Griechen auf diesen Gleichklang der Namen hereingefallen sind.) Allerdings schlingt sie nicht mit göttlicher Wildheit, sondern still und bedächtig. Während wir den schönen Augenblick noch genießen, macht er uns schon um die Dauer eben dieses Genusses älter. Und wir können nichts dagegen tun – nie sehen wir unseren Gegner ja direkt, sondern erkennen ihn nur an den Wunden, die er uns schlägt.

Ruinen

Ach, immer wieder zieht's mich zu Ruinen,
ich weiß nicht, welcher Zauber mich da zwingt.
Mit Knossos kann ich, Arles und Tiryns dienen,
in deren Namen längst Vergangnes schwingt.

Wie kann man sich an toten Mauern freuen,
versprengten Klötzen, Asche, Schutt und Staub?
Verstümmlung, sei sie steinern auch, nicht scheuen,
die welke Zier nicht von Akanthuslaub?

Die Sonne bleicht das krude Fleisch der Säulen,
nur Geckos bangen im brutalen Licht
und Vipern, die das dürre Kraut durcheilen,
das kraftlos unter jedem Tritt zerbricht.

Die Lüfte liegen lautlos und vibrieren
wie heißer Atem, der in Stößen geht –
doch welche Wesen diese mit sich führen,
und welcher Geist in diesem Flimmern weht!

Da hebt des Höchsten Aar sich auf den Schwingen,
dort wiegt Papyrus sich im feuchten Ried,
da leuchtet Lorbeer sportlichem Gelingen,
verströmt ein Sänger sich im Heldenlied.

O unter diesen stummen Steinen weilen,
wenn Helios droben im Azure glüht,
und sinnend lesen zwischen Trümmerzeilen:
Die Öde hier, sie hat einmal geblüht!

Im Süden Kretas: Phaistos. Umgestürzte Säulen, Mauerreste, verstreute Steine. Es ist
früh, dunstiges Licht liegt über den Hügeln. Von fernher schimmert das Meer.
Wir schlendern über das erhabene Trümmerfeld, allein, Bilder einer vergangenen
Zeit im Kopf, im Herzen. Plötzlich Türenschlagen. Ein Bus ist gekommen,
Menschen ergießen sich in die Stille, gelbgesichtig, blaugewandet, kamerabrüstig –
Japaner, Touristen. Wir fliehen. Hinter uns versinkt die Antike...

Jäh

Mit achtzehn hat er schon die Welt verlassen,
vom Leben hat er noch nicht viel gekannt.
Die Mutter kann es immer noch nicht fassen.
Er war erst achtzehn, als man ihn da fand.

Vom Wagen ist wohl nicht mehr viel geblieben,
ein Trümmerhaufen nur am Straßenrand.
Da gab es keine Chance für den Lieben.
Er war erst achtzehn, als man ihn da fand.

Was konnt er auch von solchen Nächten wissen?
Mit Eis kam jäh der Winter übers Land.
Vergeblich hat er's Steuer rumgerissen.
Er war erst achtzehn, als man ihn da fand.

In einem Blumenmeer lag seine Bahre.
Es weinten, die ihm Freunde, ihm verwandt.
Die Blumen werden welken wie die Jahre –
die Herzen ihn bewahrn, wie man ihn fand.

Hier und da an den Straßen, die über Land führen, findet man kleine Holzkreuze und
Blumen, die an Verunglückte erinnern. Jetzt hat mir jemand von einem Bekannten
erzählt, einem jungen Mann, der nachts auf dem Heimweg beim Abbiegen die
Kontrolle über seinen Wagen verlor und gegen einen Baum prallte. Ein einsamer
Tod: Bundesstraße x, Kilometer soundso. Als das Automobil noch jung war, musste
einer mit der Fahne vorweg gehen, um die Fußgänger zu warnen, und das bei einer
Fahrgeschwindigkeit von 10 oder 20 Stundenkilometern. Inzwischen hat man sich
daran gewöhnt, mit der Gefahr unkontrollierbarer Geschwindigkeiten zu leben – und
zu sterben. Fortschritt?

O welcher Tag

O welcher Tag könnt diesem je im Leben gleichen,
und welche Sonne strahlte jemals so wie heut!
Zwei Menschen, die zum Bunde sich die Hände reichen,
zwei wonneweinend, seligseufzend Liebesleut!

Wie sie auf Wolken schwebend vom Altare schreiten,
des segnenden Beamten sakrosanktem Pult,
die Ohren voll von Mendelssohn statt Kirchenläuten,
den Trauschein in der Tasche von des Staates Huld.

Und wie sie feiern, dass sich schier die Balken biegen –
ein triumphaler Einzug in den Ehestand!
Den Letzten, die um acht Uhr früh die Kurve kriegen,
gibt man ein Tütchen noch mit Resten an die Hand.

Mit welchem Feuer geht es dann ans Pläneschmieden,
gemeinsam eine ros'ge Zukunft sich zu baun,
ein Paradies der Marke „Kohle macht zufrieden‚‚
sprich: Nobelschlitten vorm gebeizten Jägerzaun.

Und so bestrebt, sich eins ums andre zuzulegen,
dass es gewiss zu dauerhaftem Glücke reicht,
versäumen sie's, der Liebe flücht'gen Geist zu hegen,
der leise unterdes aus ihren Herzen schleicht.

Und Schnitt: Ein Viertelhundertjahre sind vergangen.
Der Lieben Leben schleppt sich fort im Alltagstrott.
Wie gern hätt man noch mal von vorne angefangen.
Doch bloßes Wünschen macht den Karren nicht mehr flott.

...

„Vergiss nur nicht, die Raten noch zu überweisen!"
„Denk endlich an die Socken, die ich dringend brauch!"
Gefühle, die um öde Gegenstände kreisen,
der Name „Liebling" ist schon lange Schall und Rauch.

Sie sind sich wieder fremd, wenn sie die Welt verlassen,
verbittert, dass sie ewig ihres Ja-Worts Knecht,
und würden sich, wer weiß, am Ende sogar hassen,
hätt nicht die Zeit auch diese Leidenschaft geschwächt.

Ehen im Kitt der Gewohnheit. Kennt jeder – kein Kommentar.

Millennium

Des Christen Tugend ist es immer schon gewesen,
mit Langmut sich zu wappnen, wenn er was gewollt:
Geduld, so steht's in seinem heil'gen Buch zu lesen,
wiegt schwerer als des Mohrenlandes ganzes Gold.

Gelegenheit hat er genug, sich drin zu üben,
sogar in seines Glaubens Dreh- und Angelpunkt:
Des Herrn verheißne Wiederkehr ist ausgeblieben,
wiewohl so häufig doch im Lauf der Zeit geunkt.

Die Hoffnung, oft lädiert, lässt er so leicht nicht fahren,
auch wenn sie bis zum letzten Hauch sich nicht erfüllt.
Zählt denn des Allerhöchsten Uhr nach Erdenjahren?
Es ist die Ewigkeit, der ihre Mühe gilt!

Und wenn auch zweimal tausend Winter sich nun runden,
seitdem der Retter ward dem sündigen Geschlecht –
der Gäub'ge hat sich seufzend damit abgefunden ,
dass sich das Böse erst in grauer Zukunft rächt.

Hosianna! kehlt er lerchengleich zur Jahreswende,
die ein Millennium ihm zum dritten Mal gebiert –
ob's nicht mit Gott so geht wie mit Godot am Ende,
hat ihn vielleicht noch niemals ernstlich int'ressiert.

...

Man könnte den Gedanken sogar weiter spinnen:
dass ihm des Richters Rückkehr nicht einmal genehm.
Was hätt er denn vor dessen Stuhle zu gewinnen
als dass er billig in die tiefste Hölle käm?

Vielleicht sind diese Hochs, die das Jahrtausend preisen,
auf eine andre Art nicht weniger sakral –
sind Demut vor den neugebornen Sternenkreisen,
Erschauern vor der heil'gen, der Magie der Zahl!

Mein Beitrag zum Jahrtausend-Rummel. Ich kann diesen geistigen Spagat
immer noch nicht begreifen: dass die meisten Leute gesellschaftlich und
technisch nur das Neueste schätzen, sich spirituell aber mit den naiven
Erlösungsfantasien spätantiker Volksfrömmigkeit abspeisen lassen. Wo es
buchstäblich um Leben und Tod geht, herrscht nach wie vor finsterster
Aberglaube. Was ist der Mensch? Immer noch "darkly wise and rudely great"
(Alexander Pope, An Essay on Man, 1733/34).

Begegnung

Meinst du, ich könnt mich ihrer Züge noch entsinnen!
Und doch ist alles erst 'ne gute Woche her.
Die Stunden, ach, was soll ich sagen, sie verrinnen:
Die Zeit vergeht, als ob sie nie gewesen wär.

Uns beide aber kann ich klar heraufbeschwören,
wie wir uns gegenüberhocken, tischgetrennt,
uns Neues von den flinken Lippen abzuhören,
das lange auf den herzbewehrten Zungen brennt.

Und wie in Tapas wir – Manchego, Schinken – rühren,
mit Bier uns dann die Bissen in den Bauch zu spüln,
indes die Blicke schon in freier Wildbahn schnüren,
der Mitgenießer Mund und Miene zu befühln.

Da bleiben sie miteins an einem Grüppchen hängen,
verfangen sich in diesem schwarzgewellten Haar,
um nicht das Antlitz, das es rahmte, zu versengen,
nein, vielmehr mich, der ich im Nu in Flammen war.

Meinst du, ich könnt mich ihrer Züge noch entsinnen!
Na ja, so richtig lang besah ich sie auch kaum.
Konnt meine Klüsen ja nicht dauernd auf sie pinnen,
wär das nicht aufgefallen in dem engen Raum?

Doch musst ich immer wieder in die Ecke stieren,
wo sie mit Freund und Freunden saß bei heitrem Schmaus,
dass wohl die ganze Welt sich um sie mocht verlieren
mitsamt den tausend Augen dieses alten Pfaus.

Meist du, ich könnt mich ihrer Züge noch entsinnen!
Obwohl dann diese Überraschung, dieser Clou:
Sie ging, um anderswo den Abend fortzuspinnen –
und lächelte zum Abschied mir Verständnis zu!

Ja, das war bei einem Portugiesen in der Hamburger Innenstadt, da isst man gut, und
nette Leute gibt es da auch zu gucken.

Im Bruch

Was sie an Laub noch haben, die entseelten Zweige,
das baumelt blutleer im gedämpften Abendlicht.
So geht ein Tag mit allem Drum und Dran zur Neige,
der doch mit einer Stimme nur vom Herbste spricht.

Ein filz'ger Teppich schlingt sich um die Birkenfüße,
der ausgedörrten Gräser namenloses Meer.
Von Nord weht oder Osten ohne Sommersüße
ein frischer Wind die Dämmrung mählich vor sich her.

Des Sandwegs breites Bett, von Bülten nur betreten,
verkümmert im Gestrüpp zum bloßen Trampelpfad.
Mit knot'gen Fingern Bäume in die Lüfte beten,
verwaiste Wesen ohne Trost und ohne Rat.

Eine Herbst-Impression, ein Stilleben im wahrsten Sinne des französischen Begriffs:
Nature morte.

Er wiegt nicht schwer

Er wiegt nicht schwer, wenn man ihn hält
gedankenlos in Händen,
und ins Gewicht auch sonst nicht fällt
als vielfach zu verwenden.

Bescheiden eher von Statur
wird er meist übersehen –
ein Winzling, ach, ein Niemand nur
im großen Weltgeschehen.

Sein Kleid ist nicht ein bisschen bunt,
den Mangel auszugleichen.
Nein, blässlich braun und ungesund,
kann's ihm das Wasser reichen.

Und doch sitzt diese graue Maus
ganz hoch in Amt und Würden,
hilft oft gar manchem Herrenhaus
fort über Handelshürden.

Ach, wie er über Schlössern thront,
Châteaus an Buddelbäuchen,
ein Kastellan, der trocken wohnt
auf Wein in alten Schläuchen.

Jetzt ist die Katze aus dem Sack,
es lässt sich nicht verhehlen:
Das Nichts befördert den Geschmack
und darf darum nicht fehlen.

...

Der Eiche schulden wir Respekt,
genauer: ihrer Rinde,
in der noch ungestaltet steckt,
des Lob ich hier verkünde.

Was wär Burgund, Toskana, Pfalz,
was wär die beste Rebe,
verschlöss er nicht den Flaschenhals,
dass er ihr Reife gebe.

Er sorgt, dass just die Luft passiert,
Aromen abzurunden.
Kein Wunder, dass ihm Dank gebührt –
grad in entkorkten Stunden!

Man muss auch mal die kleinen, unscheinbaren Dinge würdigen. Ich tu's hier mit
dem Korken wegen seiner wichtigen Funktion – Hans Christian Andersen ging
bekanntlich noch weiter und hat den Gegenständen Leben eingehaucht, so dass sie
fühlen, sprechen und sich recht zierlich wie Menschen betragen konnten. Was so ein
Korken bei ihm wohl gesagt hätte? Plopp!

Zweimal die Fünf

Zweimal die Fünf, muss schamhaft ich derweil gestehen,
wenn wer mich, was ich auf dem Buckel habe, fragt.
Nein, an der Mümmelkrücke gilt's noch nicht zu gehen,
doch hat der Zeitzahn schon 'ne Menge weggenagt.

Seit meinen Zwanzigern muss ich schon Federn lassen,
das Hinterhaupt trag längst ich mönchisch-klerika(h)l.
Wenn es vom Glücksgott hieß, beim Schopfe ihn zu fassen,
dann wär dies wohl des Pechs vermaledeites Mal.

Das kann ich für die Plauze gern in Anspruch nehmen,
sie will nicht schrumpfen, wie ich mich auch beug und streck.
Für meine Pölsterchen kann ich mich noch so schämen,
die bringt kein Kraftakt mehr vom Bacchusbauch mir weg!

Soll ich von Zähnen noch, von lahmer Lende reden?
Von überall nimmt sich das Alter den Tribut.
Mit jedem Tau und Tage mehren sich die Schäden,
vergeudet schneller sich das liebe Lebensgut.

Da werden auch die Vitamine wenig nützen,
die Mittelchen, nach denen man nun plötzlich giert,
die hundert Pilln, die nur den Apotheker schützen,
damit er seine goldne Nase nicht verliert.

...

Nein, niemand kann sich vor dem großen Soge drücken,
der in den Höllenschlund der Finsternis ihn zieht,
mag es dem einen oder anderen auch glücken,
dass er ihn erst in spätren Jahren gähnen sieht.

Zweimal die Fünf, muss schamhaft ich derweil gestehen,
wenn wer mich, was ich auf dem Buckel habe, fragt.
In Worten: Fünfundfünfzig. Ist nicht dran zu drehen.
Allmählich braucht es Mut, dass man zu leben wagt.

Der Schriftsteller Jean Améry (1912 – 1978) hat diesen unaufhaltsamen Prozess
nicht nur beschrieben (Über das Altern. Revolte und Resignation, 1968), sondern
ihm auch freiwillig ein Ende gesetzt. Aber mehr noch als der körperliche Verfall hat
ihn der zunehmende Ausschluss von vielen Gemeinsamkeiten mit jüngeren
Menschen bedrückt – dass man abgeschrieben wird, nicht mehr „dazugehört,,. Er hat
diesen Lebensmut nicht mehr gehabt – und dabei den noch größeren aufgebracht,
sich selbst den Tod zu geben.

Ihr Haar so schwarz

Das Haar so schwarz, als wär vom Teufel sie geboren,
die Haut so braun, als hätt die Hölle sie gesengt,
die Augen dunkel, wie zum bösen Blick erkoren –
wen wundert's, dass dies Weib den Christenmenschen kränkt!

Ein Junges hat wohl noch an ihrer Brust gelegen
und unbekümmert sich ins Leben eingesaugt -
doch dieses Bild, um sogar Steine zu bewegen,
es hat dem Waidmann zum Erbarmen nicht getaugt.

Als Nächste mocht er diese Wesen nicht begreifen,
die seinen Zügen, seiner Zunge so entrückt,
wie Wild sah er sie ziellos durch das Dickicht streifen,
für das er beuteselig seine Büchse zückt.

Indessen: Lohnt es sich, die Kugel zu vergeuden
an die Zigeunerhexe mit dem Wechselbalg?
Doch um sie auszukosten, seine Jägerfreuden,
gilt ihm genauso viel die Krähe wie der Falk.

So hat am Ende kräftig er ins Horn gestoßen
und – Halali! –so froh, als ob er Sautod blies,
auch wenn zerlegt, geschmort und abgeschmeckt mit Saucen
dies keinen Braten für den Sonntagstisch verhieß.

Gewissensbisse hat der Gute nicht empfunden,
galt dieses Diebsgesindel doch für vogelfrei.
Von Sittlichkeit wusst er und Mitleid sich entbunden,
vom Landesrecht bestärkt in seiner Barbarei.

...

Der Duodeztyrann in seinem rhein'schen Flecken,
er las wohl beim Lever den letzten Jagdbericht,
um mit gerümpfter Stirn womöglich zu entdecken,
dass man den Hals nicht Hasen nur und Schnepfen bricht.

Da sind zwei Menschen auf der Strecke auch geblieben,
die in den Wäldern hausten, heimatlos, allein.
Ein Schuss hat ihren Nachruf in den Wind geschrieben,
ein Küchenzettel war ihr Totenschein - -

Anfang des 18. Jahrhunderts soll man irgendwo im Rheinischen umherziehende
Zigeuner noch wie Vieh abgeknallt und in der Jagdliste verzeichnet haben. Seine
Durchlaucht wird es degoutant quittiert und achselzuckend seine Perücke
zurechtgerückt haben. Welche viehische Gesinnung unter der gepuderten Fassade
landesväterlicher Leutseligkeit! Man lese die Weltgeschichte einmal unter dem
Aspekt heutiger Moral- und Rechtsnormen, und man wird kaum einen „Großen"
finden, der nicht ein ausgemachter Halunke war.

Hock hier schon wieder

Hock hier schon wieder, um Ideen auszubrüten,
zwei, drei Gedanken für passable Poesie,
'ne Handvoll Verse, möglichst als Gedichtband-Blüten,
„Die deutsche Lyrik", Goldschnitt – ach, man weiß ja nie.

Mich wundert manchmal, dass ich nicht die Lust verliere
an dieser Kunst, die – mit Verlaub – kein Schwein begreift,
bring Strophen beinah säckeweise zu Papiere,
doch schein den „Kennern" immer noch nicht ausgereift.

Ich seh ihr Herz sich achselzuckend mir verschließen,
seh ihren Geist, der erdhaft am Konkreten klebt:
Das sind die Leute, Dividende zu genießen,
doch nichts, was sie vom Boden des Profits erhebt.

Was soll's, sie war mir immer wert, die stille Stunde,
da ich vorm Schlafengehn noch ein paar Zeilen schreib.
Selbst wenn's von diesen niemals heißt: „In aller Munde":
Mag sein, dass ich in ihnen unvergessen bleib.

Hier spricht sich der Künstler Mut zu. Wir wollen ihn dabei nicht weiter stören.

Valldemossa

Als wär ich in des Grabes Finsternis gefangen,
die nicht der Schimmer eines fernen Lichts durchdringt,
lausch in die Nacht ich mit so seligem Verlangen,
dass es ganz zauberisch im Busen mir erklingt.

Dem irdischen Gewog von Lust und Leid entronnen,
schickt mir der Himmel seine ew'ge Melodie –
wie Tau fällt, wie Kristall in meiner Seele Bronnen
das reine Echo seiner Sphärenharmonie.

Doch statt so hell sich, so erhebend zu entfalten,
wird sie allmählich düsterer mit jedem Ton –
ach, oder sind's womöglich die Naturgewalten,
die immer dreister meine stille Haft bedrohn?

Will er denn niemals enden, dieser Regen, Regen?
Seit Stunden rauscht er schon aufs Klosterdach.
Und dieser Wind, wann wird der wütende sich legen,
dass er mir Ruh im Ohr und im Gemüte mach?

Jetzt hallt es immer dumpfer um die schönen Klänge,
jetzt dröhnt es auf wie Donner nur noch, Schlag auf Schlag,
jetzt sprengt es gleich, zerreißt mir meiner Klause Enge,
dass endlich wieder Morgen werde – Tag, Tag, Tag!

...

Doch ohne dass die schwarzen Mauern um mich wanken,
verstummt auf einmal der Akkorde Raserei –
schwach hör ich sie noch wiederhallen in Gedanken,
dann ist der Spuk, als wär er nie geschehn, vorbei.

Und wie er niemals tiefer als nach Sturm, der Frieden,
lieg ich erschöpft an Geist und Gliedern vor der Welt,
versöhnt fast mit der großen Einsamkeit hienieden,
in die ein letzter Tropfen von den Sternen fällt.

Zu Frédéric Chopin: Prélude Des-Dur op. 28 Nr. 15, „Regentropfen-Prélude",
1838/39. Das Drumherum der Entstehung dieser musikalischen Kostbarkeit habe ich
aus erster Hand: George Sand schildert sie in ihrem „Ein Winter auf Mallorca"
(1842), und sie muss es ja wissen. Im Übrigen auch sonst ein lesenswertes Buch –
vermittelt zum Beispiel einen Eindruck von den Strapazen des Reisens im frühen 19.
Jahrhundert. Und ist ein einziger Lobgesang auf die urwüchsige Natur der Insel, die
damals noch im touristischen Dornröschenschlaf lag.

Pan

Sommernächte, Seen, die sich nicht regen,
Wälder, die nicht stiller könnten sein.
Nicht ein Schrei, ein Schritt wo auf den Wegen –
trunken ist mein Herz so wie von Wein.

Motten kommen, Schwärmer angeflogen
lautlos durch das Fenster aus der Luft,
Feuerschein hat sie wohl angezogen,
wohl auch meines Vogels Bratenduft.

Dumpf sie oben an die Decke prallen,
surrn, dass mich ein Schauer übermannt,
dicht an meinem Ohr vorbei, befallen
dann das Pulverhorn da an der Wand.

Wie ich sie ein Weilchen so fixiere,
sitzen sie und zittern, zu mir spähn,
Spinner sind es, Bohrer, Mottentiere,
Ackerveilchen ein'ge ähnlich sehn.

Vor die Hütte gehe ich und lausche.
Nichts. Kein Laut. Kein Wesen rings noch wach.
Kerfe fliegen, leuchten. Und Gerausche:
Flügelchen, die schwirrn millionenfach.

Farn seh ich da an des Waldes Scheide,
Eisenhut, er steht davon nicht fern.
Und sie blüht, die blühende, die Heide,
ach, wie mag ich ihre Blümchen gern!

...

Dank, Herr, ich für jede Blüte hege,
auf der je mein Blick einmal nur blieb.
Röschen warn sie mir auf meinem Wege,
weinen muss ich, weil ich sie so lieb.

Irgendwo hierum ganz in der Nähe
müssen auch wohl wilde Nelken sein.
Wenn ich sie mit Augen auch nicht sehe,
ziehe ihren Duft jedoch ich ein.

Aber nun zu nächtlich später Stunde
haben Blumen plötzlich, groß und weiß,
sich geöffnet in des Waldes Runde,
weit die Narbe, atmen sie ganz leis.

Faltervolk, das zottig und zuwider
in der Dämmerung sich nur belebt,
senkt sich zwischen ihr Blätter nieder,
dass die ganze Pflanze davon bebt.

Blume geh um Blum' ich abzuwandern -
welch ein Rausch ist über sie gelegt!
Vom Geschlecht sind sie berauscht, dem andern,
und ich sehe, wie es sie erregt.

Schritte hör ich jäh und Atmen, Grüßen:
„Guten Abend!" voller Fröhlichkeit –
Antwort geb ich, werf mich ihr zu Füßen,
fass um ihre Knie, ihr ärmlich Kleid –

Eine lyrische Prosa-Passage aus Knut Hamsuns Roman Pan (1894),
die ich einfach in Verse bringen musste. Auffällig: Aus dem Text spricht nicht die
friedliche Naturliebe eines beseligten Wanderers, sondern die leidenschaftliche
Neigung für das Urwüchsige, Ungezähmte, auch Zerstörerische, wie sie der
zerrissenen Seele eines Einzelgängers entspringen mag, die feinstes Empfinden mit
rohem Jagdtrieb vereint.

Zum Tod seiner Frau

Als wir das Alter hatten, ließen wir uns trauen,
an siebzehn Jahre sind es her seit jener Zeit.
Ich wurd nicht müde, sie beständig anzuschauen -
und jetzt verließ sie mich für alle Ewigkeit.

Was Wunder, dass ich weißes Haar bekommen habe
und dass mein Körper immer öfter krank sogar!
Ach, eines Tages lieg ich neben ihr im Grabe –
bis dahin werd ich weinen, weinen immerdar.

Bewegende Klage des chinesischen Dichters Mei Yaochen (1002 – 1060) zum Tod
seiner Frau im Jahre 1044. Mei, selbst Beamter in hohen Stellungen, schrieb auch
sozialkritische Verse, etwa zum schweren Los der Bauern. Zum Vergleich: In
Deutschland taucht der Landmann zu dieser Zeit in der Literatur noch nicht auf. Das
geschieht erst Anfang des 13. Jahrhunderts, beim Lyriker Neidhart von Reuenthal.
Und der begründet mit seiner Darstellung des dummen, ungeschlachten
Bauerntölpels eine Tradition, die sich in der deutschen mittelalterlichen Dichtung
noch lange fortsetzen wird und wenig Raum lässt für Verständnis und Mitleid.

Grashalme

„Ich denke bei mir selbst: Hier steht nun dieses Grasblatt und zittert!"
Knut Hamsun, Pan, 1894

Was ist denn schon groß dran an solchem Halme?
Ein dünner Stiel, ein Blättchen hier und da –
das Zerrbild einer stolzen Fächerpalme,
das nie mit hohem Haupt zum Himmel sah.

Wie kläglich muss er sich vorm Winde ducken,
wie hilflos fingert er nach einem Halt!
Darf sich bei Hitze nicht und Kälte mucken,
bei keiner andern Witt'rung Urgewalt.

In stiller Demut trägt er alle Bürden,
die ihm das Los auf seine Lenden legt –
o wenn sie sich nicht immer biegen würden,
hätt ihn der Sturm schon längst hinweggefegt!

Wie oft hat ihn indes der Fuß zertreten,
der achtlos über Weg und Wiese streift,
in jener Unart, alles platt zu jäten,
was nicht zu Blüten und zu Düften reift.

...

So unscheinbar muss er sein Leben fristen,
wie's irgend nur ein Mauerblümchen tut -
und doch kann er mit vollem Recht sich brüsten,
dass üppig seinesgleichen wie die Flut.

Soll man am Ende nicht doch eher staunen?
Die Kraft in diesem jämmerlichen Kleid!
Der Schöpfung untertan und ihren Launen -
und wird doch satt am kurzen Tisch der Zeit.

Nach einer Zeichnung des dänischen Malers Johan Thomas Lundbye (1818 – 1848)
aus dem Jahre 1839. Auf dem Weg in den Krieg von einem Schuss, der sich
versehentlich von selbst löste, früh dahingerafft, war Lundbye selber wie dieses zarte
Gras, rasch zertreten und verwelkt – und hatte doch schon Landschaftsbilder von
unvergleichlicher Schönheit und Stimmung geschaffen.

Mitte Februar

Vom Schreibtisch heute heimgekommen,
hätt ich ein Liebchen gern gehabt –
ich hätt es bei der Hand genommen
und wär gleich wieder losgetrabt.

Der Abend war so sanft und stille
wie selten sonst im Februar,
als wäre es des Frühlings Wille,
dass man ihn vor der Zeit erfahr.

Die ersten Knospen ihr zu weisen,
hätt ich sie zu dem Strauch geführt,
der nahe bei den S-Bahn-Gleisen
die Öde einer Säule ziert.

Als vorhin ich da langgehastet,
bemerkte ich das frische Grün,
das, von der Stelle unbelastet,
entschlossen, in die Welt zu ziehn.

So rührend war dies, bis zum Heulen,
dass ich es jemand sagen muss,
denn die Gefühle, die wir teilen,
gewähren doppelten Genuss.

Doch da mir Liebste fehlt und Liebe,
entfällt der schöne Zeitvertreib.
So kommt's, dass ich die zarten Triebe
im Vers mir von der Seele schreib.

Aha, der also auch – Schreiben als Therapie!

Auf zum Saturn!

Auf zum Saturn, wo dreiundzwanzig Monde gleißen
als perliges Geschmeid am schwarzen Hals der Nacht
und dreiundzwanzigfach uns Seligkeit verheißen,
sofern schon einer unsre Lebenslust entfacht!

Sind sie denn nicht schon unvergleichlich, die Gefühle,
die uns das satte Rund des Sommermondes weckt?
Mit heißem Herzen schreiten in der Abendkühle,
ein Mäulchen an der Seite, das dich küsst und neckt...

O wie viel Dichter haben ihn nicht schon besungen,
von gleichen Schauern heil'ger Rührung übermannt,
wenn die Natur in reinster Form in sie gedrungen
als Sehnsucht nach der Liebsten – oder als Trabant.

Mal glänzt er göttlich über waldigen Konturen,
mal krönt er feierlich der Berge Majestät,
dann wieder schweift er einsam über Wellenfluren,
in deren schwanke Furchen er sein Funkeln sät.

Wie er kann niemand wohl so wunderbar posieren,
so vorteilhaft bestehn vor jedem Hintergrund –
und drum so leicht die Träumer zum Gedicht verführen
und andre, minder nicht verrückt, zum Ehebund.

Zum Ehebund? O Leser, lass uns hier bedenken,
wie schnell Gezänk den Honigmond vergällt,
und jene beiden, die sich alle Nähe schenken,
nur noch Distanz auf ihrer Umlaufbahn erhält.

...

Mit Vorsicht ist der Mond, der Kuppler, zu genießen,
der mit dem äuß'ren Scheine nur die Herzen lockt.
Nimm dreiundzwanzig, und sie werden überfließen –
bis dann enttäuscht das Blut in ihren Adern stockt.

Ach, oder müssten ihrer dreiundzwanzig schlagen
in des Saturniers sehnsuchtsvoll geschwellter Brust,
den Schritt der Schritte von Bedenken frei zu wagen
zu dauerhafter, zweigeteilter Ehelust?

Gelobt sei die Bescheidenheit unsres Planeten,
der sich mit einem Steine als Begleiter schmückt -
genug, die Nacht und ihren Zauber anzubeten,
und auch genug, dass solche Liebe - einmal glückt.

Lässt sich heute noch wer von lauschigen Mondnächten beseligen? Bestimmt. Das
Liebesgefühl, das sich in gesteigerter Lebenslust plötzlich mit der Natur eins weiß,
wird sich auch weiterhin des Mondes bemächtigen. Ich könnte mir aber auch
Menschen vorstellen, die im Wonnerausch ihr Bügeleisen umarmen oder mit dem
Staubsauger tanzen – da diesen Bildern aber traditionell der poetische Reiz abgeht,
lasse ich lieber die Finger davon.

Gäb's einen Gott

Gäb's einen Gott, er müsste dir die Hände reichen,
dich sicher durch des Lebens Teufelein zu führn,
zweimal fünf Finger dir gewähren ohnegleichen,
an denen Kraft und Milde gleicherweis' zu spürn.

Lässt er sich denn von alters her nicht Vater nennen,
welch Name Ehrfurcht weckt nicht minder als Vertraun,
dass zu Millionen gläub'ge Zungen wohl bekennen,
auf seine Güte könne wie auf Fels man baun?

Doch wenn die Übel dich so knüppeldick bedrängen,
dass nur ein starker Helfer wieder sie zerstreut,
dann lässt er dich, der Vielgepriesne, einfach hängen
und schert um deine Nöte sich nicht einen Deut.

Du siehst nicht seinen Arm sich aus den Wolken strecken,
siehst seine Hand nicht, die des Himmels Blau zerteilt,
nur Wolken, Wolken wirst du immer da entdecken
und immer Blau und Blau, das unbewegt verweilt.

Wenn denn schon Vater, nun, dann einer von der Sorte,
die sich nicht kümmert um der Ihren Wohl und Weh,
die nur bei ihren Saufkumpanen fest im Worte,
verlässlich nur bei Steckenpferd und Schnapsidee.

Mit Chemikalien wird wie üblich er hantieren
im stillen Kämmerlein äonenweit entfernt,
ein neues Galaxiechen sich zu generieren,
damit er ja das Kind im Manne nicht verlernt.

...

Vom Himmel ist, bei aller Liebe, nichts zu holen,
da fällt kein Stern als Taler, fällt kein Trost dir zu –
es bleibt die Erde dir als Stütze anbefohlen,
der Riesentummelplatz für jede Art von Du.

Doch auch die Brüder, die wie du von Gott verlassen,
sie sind im Elend selten nur dein Schirm und Schild,
sind, selbst wenn sie den Rabenvater manchmal hassen,
ihm seltsam ähnlich immer, ach - sein Ebenbild.

Immer noch geht der Riss mitten durchs Hirn – bei einer Milliarde 800 Millionen
Christen des tief wissenschaftsgläubigen 21. Jahrhunderts. Hie Wissen, hie Glaube –
Todfeinde, die man scheinheilig für friedliche Brüder erklärt. Immer noch das alte
„Credo quia absurdum", „ich glaube, gerade weil es absurd ist". Wann wird man
endlich, in Abwandlung eines auf Platon gemünzten Wortes des Aristoteles, sagen:
„Christus ist mir lieb, aber noch lieber ist mir die Wahrheit"?

Ewiger Frühling

Was liegt denn näher, als in diesen tristen Tagen,
die uns mit Regen ständig, Sturm und Frost empörn,
mit offnem Herzen und mit zugeknöpftem Kragen
das wunderbare Bild des Frühlings zu beschwörn?

Ich jag sie fort, die grauen Geister, in Gedanken
und stell den Himmel mir von reinstem Blaue vor –
mit etwas Cirrus, um ihn wattig zu beranken,
und selig schimmernd in der Sonne lichtem Flor.

Und wie die Luft, statt aufgewühlt zu Winden,
sich süßen Atem säuselnd um die Schläfen legt,
auch diese von den düstren Wolken zu entbinden,
wie sie des Winters Schwermut schwerelos erregt.

Die Büsche schließlich, die mit nackendem Geäste
von Tau und Nebel feucht in trübe Stunden starrn,
zur Blüte seien sie entfacht, zum Lebensfeste,
mit Farben diese stumpfe Szenerie zu narrn!

...

Und dieser Frühling soll in Ewigkeit nicht enden,
nicht in des Sommers reifem Glanze sich verliern,
der rasch ermattet, seine Strahlen zu versenden,
kaum dass mit rost'ger Röte sich die Blätter ziern.

Nein, an den Zweigen haften solln sie, seine Blüten,
das ganze Jahr die nimmermüden Bienen nährn,
solln ihre Zartheit, ihren samt'gen Schimmer hüten,
Novemberstürmen ihre alte Beute wehrn.

Wenn dies Mirakel gnäd'gerweise denn geschähe,
wie wäre irgend Wunderbares noch dabei,
dass ich mich selbst in diesem Paradiese sähe,
von allen Sorgen meines Lebensherbstes frei?

Simone de Beauvoir hat gemeint, wenn man unsterblich wäre, würde einen die
Langeweile umbringen – schließlich würde sich alles ewig wiederholen. Ich weiß
nicht, ich würde es dennoch für einen guten Handel halten - diese göttliche
Langeweile gegen die irdischen Gebresten: Alter, Krankheit, Abschied für immer.

Jetzt hock ich wieder hier

Jetzt hock ich wieder hier und schmiere diese Zeilen
und bild mir ein, das ging so ewig weiter fort,
als hieß Geburt, für immer in der Welt verweilen
als allerletztem Ankunfts- und Bestimmungsort.

Das Lämpchen steht da unverrückt seit vielen Jahren
und gibt den Versen, die ins Leben treten, Licht.
Ein Auto hör ich manchmal rasch vorüberfahren,
im Fenster schwebt des Monds vertrautes Angesicht.

So sind die Nächte mir gekommen und gegangen,
und eine sah der andern zum Verwechseln gleich –
ich hab versucht, sie mit Gedichten einzufangen,
doch sanken diese mit in des Vergessens Reich.

Der Tisch, auf den ich meine Ellenbogen stütze,
spannt sich noch immer unterm Wachstuch, rotkariert,
hat von Rosé nicht Flecken, den ich da verspritze,
verwaschne Stellen nur, wo ich sie wegpoliert.

Wie selig habe diese Muße ich empfunden,
da mich des Alltags Last und Laune nicht mehr trieb,
ließ mir nicht wen'ger als den Wein die Wörter munden,
die ich mir trunken manchmal von der Seele schrieb.

Der Vorhang schirmt weiß Gott gewichtig noch die Scheibe
und lässt nur einen Spalt nach draußen frei am Rand –
wie lange hat der Laden da schon seine Bleibe,
dem sinnend ich bisweilen Blicke zugesandt!

So manches Mal bin ich ganz schön in Schwung geraten
und hab auf drei, vier Strophen es am Stück gebracht –
dann hielt ich prompt mich für 'nen rechten Teufelsbraten,
der noch mal höllisch als Poet Furore macht.

...

Bei alledem war immer auch die Uhr zugegen,
die mahnend über meinem Haupt Memento tickt,
so wie dem Caesar einst ein Sklav' im Ohr gelegen,
dass er ein Mensch nur sei, der bald den Tod erblickt.

Ach, manchmal musste, zugegeben, ich mich quälen,
dass kaum ein Verslein mir das nackte Blatt geziert –
nur auf den Roten konnt ich immerwährend zählen,
mit dem ich ohne große Worte phantasiert.

Da steht auch noch der Herd, als wäre nichts geschehen,
und schaut wie eh und je mich unbeteiligt an –
die Schalter sind schon wackelig vom vielen Drehen,
das Lämpchen zur Kontrolle flackert dann und wann.

Am wohlsten war's mir, wenn die Elemente tobten
und wenn der Regen klatschend an die Scheibe schlug,
dann barg ich mich im Winkel hier, dem sturmerprobten,
zur Stille umso lieber, zum Gedankenflug.

Die Heizung summte mir mit ihrem erznen Munde
wie eine Mutter dann ihr warmes Wiegenlied –
dieselbe, die man heute noch, zu dieser Stunde,
ihr blaues Flämmchen überm Kühlschrank nähren sieht.

...

He! Hat sich draußen grade nicht der Wind erhoben?
Und prasselt da nicht Hagel an das Fensterglas?
Als wär mein Jetzt in alle Gestern eingewoben,
da ich mit gleicher Lust bei Wein und Wetter saß!

Noch immer steht, mein Grübeln milde zu besonnen,
auf irdnem Fuß die Kerze vor der Kachelwand.
Schon ist das Wachs ihr ziemlich unterm Docht zerronnen -
es fehlt nicht viel, und sie ist völlig abgebrannt.

"Out, out, brief candle..." – keiner hat den schleichenden, alles erstickenden Fluss
der Zeit so eindringlich beschworen wie Shakespeare (Macbeth, V, 5). Keiner hat
aber auch in jenem barocken Jahrhundert der Vergänglichkeitsseufzer, in denen
unverhohlen die selige Gewissheit der Erlösung mitschwang, das Leben so
illusionslos gesehen: "A tale, told by an idiot, signifying nothing." Können wir heute
mehr darüber sagen?

Wie kann ein Mensch

Wie kann ein Mensch die Erde achtzig Jahre treten
und kindlich sich noch freun an Sammet und Opal,
mit Inbrunst immer noch um Macht und Ehre beten –
was ist vorm Kosmos, fragte Schwejk, der Korporal?

Ein Hut mag dich vor Regen und vor Sonne schützen,
ein Helm vor allem Fallenden, das schwerer wiegt –
doch die Tiara, dreigetürmt, was soll sie nützen,
die hohe Mitra, die den Schädel eng umschließt?

Ach, diese Eitelkeit kennt weder Zeit noch Stunde,
die Sucht zu herrschen weder Hindernis noch Halt,
bei Tag und Nacht geht die Verblendung ihre Runde,
als Hüt'rin aller Arten Laster wohl bestallt.

Und grad die Pfaffen müssten es doch besser wissen,
dass wir nur Gäste sind, befristet in der Welt –
doch wolln sie diese offenbar noch wen'ger missen
als des Elysiums makelloses Lilienfeld.

Sie tragen Christi Botschaft billig auf den Lippen,
die doch in ihren Herzen keinen Heller wert,
ein präch't'ger Gulden, den sie nach Belieben kippen,
damit er sündhaft ihren stillen Mammon mehrt.

...

49

Die alten Päpste seht mit Rüschen und mit Ringen,
die Bäuche unter satter Seide aufgeschwemmt –
und müssen doch demnächst schon in die Kiste springen
mit nichts als ihrem taschenlosen Totenhemd.

Ja, halten sie den lieben Gott denn für so blöde,
dass er die Bosheit nicht an ihrem Grinsen liest,
und sie trotz ihrer Erdentage ganzer Öde
einst in die ew'ge Wonne seiner Arme schließt?

Das hieße ihre Vorsicht mächtig unterschätzen,
die mit dem Seelenheil doch nicht zu spieln beliebt –
nein, wenn sie bis zuletzt nach Tand und Talmi hetzen,
dann nur, weil sie nicht glauben, dass es Götter gibt.

Angeregt hat mich eines der unzähligen alten Gemälde, auf denen greise
Kirchenfürsten in selbstgefälligem Pomp posieren. Den senilen Mummenschanz
gibt's – mit konfessionellen Abwandlungen - immer noch. Logo: Wer die Wahrheit
gepachtet hat, braucht sich nicht zu verändern.

Tagelied

O sel'ge Nacht, in Worte kaum zu fassen,
da, Lieb, du mir die schönste Gunst gewährt –
könnt ewig mich der Stunde überlassen,
die mich mit Paradiesesfreuden nährt.

In Worten, Mann, ist das nicht zu beschreiben,
was wir da beide grade so erlebt,
das könnte meinetwegen gern so bleiben,
bis mich der Schwatte aus der Kurve hebt.

Will dich noch einmal in die Arme schließen,
noch einmal mit den Lippen dich berührn,
noch einmal will den Schauer ich genießen,
am ganzen Leibe deinen Leib zu spürn.

Na komm schon, du, und lass dich noch mal drücken,
und hier noch einen Kuss und hier noch ein'n,
und dann noch einmal schön zusammenrücken,
so richtig hautnah beieinander sein.

Verflucht sind mir des Tages erste Zeichen,
die er verstohlen aus der Tiefe schickt –
die Botschaft, ach, von dieser Statt zu weichen,
wo mich des Lebens ganze Lust erquickt.

Den Augenblick, den kanns' mir wirklich schenken,
wo ich auf einmal seh, es wird schon Tag,
und der mich zwingt, mich aus dem Bett zu renken,
in dem ich happy wie 'n Pascha lag.

Die Vögel kann ich ebenfalls nicht leiden,
Gebete leiernd an das Morgenlicht,
mit süßen Tränen eifrig zu beeiden,
dass es an Streitlust ihnen nicht gebricht.

...

Und dies Gezwitscher geht mir auf die Nerven,
das mit dem ersten Sonnenstrahl beginnt,
wenn Fink und Star sich ins Getümmel werfen,
die flötend schon auf Freiersfüßen sind.

Allein was soll's, es heißt nun Abschied nehmen,
wir halten Tag und Stunde ja nicht auf –
den Kosmos möge unsre Lieb beschämen,
dass er ihn ändre, der Gestirne Lauf!

Egal, ich muss mich auf die Socken machen,
die Uhr bleibt unsretwegen ja nicht stehn.
Ich meine allerdings, für Liebessachen
könnt sich der Himmel auch mal anders drehn.

Die Bitterkeit, mein Lieb, von dir zu scheiden,
macht nur dies Wissen mir ein wenig süß,
dass ich nach Lichtjahrn, einsam zu durchleiden,
dereinst doch eine neue Nacht begrüß.

Gern geh ich nicht, das will ich dir nur sagen,
doch so was nimmt der Gentleman in Kauf:
Hab ich den Tag mir um die Ohrn geschlagen,
dann machen fix wir wieder einen drauf.

Die Sonne steigt aus ungemessnen Gründen,
hüllt eigenmächtig alles in ihr Kleid,
und birgt, um ihren eitlen Glanz zu künden,
das ewige Mysterium: Dunkelheit.

Im Tagelied haben die ollen Minnesänger den Anbruch des Morgens beklagt, der
ihren heimlichen Liebesfreuden ein Ende setzte. Der moderne Minnegänger würde
wohl anders seufzen – so ähnlich vielleicht wie in meiner Version.

Brigid

Wer hat sie wohl einmal mit gläub'gen Händen,
mit Demut und bescheidnem Span entfacht,
die Kerze vor den düstren Klosterwänden,
wo Brigid ihre Jahre hingebracht?

Die Heilge, selig war sie grad verschieden
und zu des Grabes Ruhestatt geleit't,
als ihres Wandels eingedenk hienieden
ein liebes Lichtlein jemand ihr geweiht.

Vielleicht, dass es die Dunkelheit erhelle,
bis einst der Richter seinen Spruch entrollt,
vielleicht, dass der Allmächt'ge auf die Schnelle
sie auch in Kildare einmal finden sollt.

Das Lichtlein hatte, kündet uns die Sage,
auf wunderbare Weise dann Bestand
und bis zum allerletzten seiner Tage,
wohl tausend Jahre tapfer fortgebrannt.

Am Ende hat die Wacht es aufgegeben,
bei der es sich so hoffnungslos verzehrt.
St. Brigid doch wird ewig weiterleben
in jedem Herzen, das die Liebe ehrt.

Wie viele wundersame Legenden sich um das Leben der Heiligen ranken! Die
meisten beschäftigen sich mit den unsäglichen, aber in gläubiger Zuversicht
ertragenen Leiden eines grausigen Martyriums, in seelischen Kämpfen heldisch
gemeisterten Anfechtungen von Geist und Leib, glänzenden Wundertaten in der
Nachfolge Christi. Und hier nun ein Wachslicht, das Jahrhunderte glimmt, still und
bescheiden. „Du bist meines Fußes Leuchte...“, ein Millennium lang - und dann
resigniert?

Bildnis einer Dame

Am schönsten schmückt dich, Schöne, deine Blässe
und deiner Augen halb versonn'ner Blick,
dein Antlitz, das ich nur an jenem messe,
wie es der Venus und Diana Götterglück.

Warum in Seide dich, in Zobel kleiden,
warum mit Perlen deinen Scheitel ziern?
Um wie viel mehr mag deinen Mund ich leiden,
die Lippen, die im Schweigen sich verliern.

Und diese Hand mit ihren feinen Gliedern,
die schüchtern an die goldne Kette rührt,
ich möchte ihren sanften Druck erwidern,
möcht, dass der meinen Wärme sie verspürt.

Was soll das ganze glänzende Gehäuse,
das mit gesticktem Flitter dich umfließt,
da doch gewiss auf unverhüllte Weise
sich deines Leibes Süße erst erschließt.

Den Goldbrokat, den würd ich gern entbehren,
und auch den Rock, der mühevoll plissiert –
was könnten einen Liebenden sie lehren,
der schlicht nach einem bloßen Kusse giert?

...

Spürst du den Schatten nicht in deinem Rücken,
der dies Gefunkel wie ein Rahmen fasst,
dass er des Kleinods weltliches Entzücken
mit einem Hauch des Todes schon betast?

Doch halt – bin ich denn hier noch recht im Bilde,
am Faden noch, den ich zu Anfang spann?
Wird nicht des Leibes seliges Gefilde
wie dieser Tand verfaulen irgendwann?

Bewahr die Lust an rauschenden Geweben,
an Perlenschimmer, glitzerndem Geschmeid –
dass sie für Augenblicke dich entheben
dem ganzen Jammer der Vergänglichkeit!

Die junge, schön gewandete und geschmückte Dame, von der hier die Rede ist, hieß
Antea. 1524/27 hat Parmigianino sie gemalt und ihre zarten Züge der Nachwelt
überliefert.

Wenn ich so hocke

Wenn ich so hocke, mir was Schönes auszudenken,
dann scheint's mir, dieser Augenblick verginge nie -
nur schreiben, schreiben, wieder neu einschenken:
Das ganz spezielle Zeitmaß für ein Saufgenie.

Jetzt hab ich's – ja, so muss es heißen,
beglückt halt die Idee ich fest.
Man muss sich nur am Riemen reißen,
so lang der Rote einen lässt.

Wenn, mir was Schönes auszudenken, ich so hocke,
kommt unvergänglich dieser Augenblick mir vor –
dem Glücklichen, spricht Volkes Mund, schlägt keine Glocke,
Poeten wandeln, Trinker nicht im Trauerflor!

Eh, kann man das nicht schlichter sagen?
Der Leser liebt's nicht so barock.
Auch will ich nicht, dass Unbehagen
dem Stilbewussten ich entlock.

Wenn ich so schön hier sitze, mir was auszubrüten,
dann geht das Zeitgefühl mir irgendwie verlorn,
ich kann die Wörter nicht, den Geist der Flasche hüten,
dieweil aus Freiheit sie und Fantasie geborn.

Gedanklich scheint mir dies gelungen,
doch fehlt mir noch der Reim dafür,
ach, hätt ich mich doch durchgerungen
zu einem Synonym-Brevier!

...

Wenn ich die Nacht bebrüt, Ideen zu gebären,
vergesse ich den Sternenhimmel um mich her
und weile, Glas für Glas die Zeilen zu vermehren,
dass mich die Nachwelt besser als die heut'ge ehr.

Hier heißt es noch ein Wörtchen wechseln,
da an der Formulierung feiln,
damit dem schönen Versedrechseln
auch Kenner ihre Gunst erteiln.

Wenn ich – ach was, hier pack ich meine Siebensachen
und spare mir das übliche Etcetera.
Jetzt kann sich jeder selbst 'nen Reim drauf machen:
Die Zeit hat sich verdrückt – doch das Gedicht ist da.

Ein intimer Blick in die nächtliche Werkstatt des Künstlers.

Als wäre ein Geheimnis

Als wäre ein Geheimnis hinter jedem Busch beschlossen,
ein solcher Zauber heute Nacht die Erde überzieht -
der Weg, das Dorf, von mildem Lichte sind sie übergossen,
die ganze Landschaft, wie sie rötlich schimmert, rötlich glüht!

Die laue Luft, wie schwer muss sie auf diesen Dächern liegen
und auf den Träumen derer, die in ihren Schutz sie hülln.
Man meint, es müssten jeden Augenblick Kometen fliegen,
die Offenbarung irgendeines Zeichens zu erfülln.

Wie geisterhaft der Palmen schuppenreiche Schäfte leuchten,
wie fiebrig fingern ihre Wipfel in den ros'gen Schein.
Des Baches Seele selber scheint die Wiese zu befeuchten,
um Halm für Halm ihr eine grüne Ewigkeit zu leihn.

In dieser Nacht kann keiner sich in sanften Schlummer flüchten.
Es wetterleuchtet überm Hügel, überm Horizont.
Die wachen Herzen nähren sich von Stille und Gerüchten,
vom Glauben, die da einsam harrt, von Seligkeit besonnt.

Einmal mehr Malerei als auslösendes Moment: Hl. Maria in Ägypten,
1583/88 von Tintoretto geschaffen: Durchseelte nächtliche Natur im Bann der
Gottesmutter, Abbild des Glaubensmysteriums.

Da dies Geschlecht vergeht

Da dies Geschlecht vergeht, ist jenem Dauer noch beschieden,
das ist der Lauf der Welt, der schon seit unsern Vätern währt.
Die Götter, die da waren, ruhn in ihren Pyramiden,
genauso wie die Edlen, die gestorben und verklärt.

Die Häuser, die man einst errichtet, wo sind sie geblieben,
wo diese Mauern alle, die vorzeiten man geschaut?
Ich kenn die Worte – Imhotep, Dedefhor zugeschrieben,
doch fort, wie nie gewesen, ist, was sie aus Stein gebaut.

Und nie kam irgendwer zurück, wenn er nach dort hat müssen,
wie's ihm ergeht, zu sagen, wie man seine Wünsche stillt –
dies alles, ach, das werden wir am Ende einmal wissen,
wenn's für uns selbst in jene Lande da zu gehen gilt.

Sei guten Muts und denk nicht stets, du musst dereinst von hinnen,
tu, was dir Freude macht, solange dir das Herz noch schlägt,
leg Myrrhe dir aufs Haupt und kleide dich in feinstes Linnen,
und salbe dich mit allem, was der Gottheit Größe trägt.

Was immer dir auch nützt, du magst es unermüdlich mehren,
worauf du immer Lust hast, diesem widme dich mit Fleiß,
tu nur das Nöt'ge, und das Weitre soll dich nicht beschweren,
bis er denn kommt, der Tag des Jammers und des Wehgeschreis.

Osiris, unerbittlich, wird nicht auf dein Jammern hören,
trotz Weh und Ach nimmt in der Hölle er dich in Empfang.
Lass dich den Tag zu feiern, zu genießen nimmer stören –
du nimmst nichts mit auf deinen letzten, allerletzten Gang.

So klagte schon der „blinde Harfner" über die Vergänglichkeit, im alten Ägypten,
dreieinhalb Tausend Jahre vor unserer Zeit.

Et in Arcadia Ego

Die Büsche, die im Kuss des Sonnentags erblühten,
jetzt ducken sie sich düster unterm Joch der Nacht.
Ein letztes Licht mag noch den Horizont behüten,
bevor der Himmel seine blasse Glut entfacht.

Längst hat die Luft, die abends dich noch mild umwunden,
zu Schauern unheilvoller Ahnung sich gekühlt –
gefällige Gefährtin aller Geisterstunden,
wenn in die Herzen langsam sich Entsetzen wühlt.

Du aber, darfst du in Arkadien nicht wohnen,
den blökenden zu hörn, den Fried im Asphodill,
in einer dieser seltsam seltnen Erdenzonen,
wo Leu und Lamm des andern Wohlergehen will?

Woher die Ängste, deine Seele zu bedrücken,
woher der Argwohn deinem unbeschwerten Sinn?
Du bist geborn in dies Idyll, den Tag zu pflücken,
und freudig nimmst du seine tausend Früchte hin.

Doch dann, oh, diese grause Stätte zu entdecken,
da man im Finstern unversehns vom Wege wich!
Die Herzen steinern, Wolken, Zweige, ach, vor Schrecken –
da grinst ein Schädel: „In Arkadien auch ich"!

Ein beliebtes Thema barocker Memento-mori-Stimmung – Gevatter Tod, der keine
irdische Idylle verschont und nur im himmlischen Arkadien seine grausige Macht
verloren hat. Vorlage hier: Ein Bild von Guercino, 1618 gemalt, als weiter nördlich
in Europa der 30-jährige Krieg begann und der Sensenmann einmal mehr mit
schrecklicher Gewalt in den trügerischen Frieden einbrach.

Am Ufer drüben

Am Ufer drüben sehe ich die Liebste weilen,
von mir getrennt nur durch des Flusses Wellenspiel.
Ich will nicht säumen und zu ihr hinübereilen,
doch auf der Sandbank da, da liegt ein Krokodil.

Gleichwohl steig in den Strom ich nieder unverdrossen,
um durchs Gewog zu waten bis zum andern Rand.
Wie mutig ich mich dabei fühle, wie entschlossen –
als wär das Wasser unter meinen Füßen Land!

Die Liebe nur, sie ließ mich bleiben ungeschoren,
als hätt mit einem Zauber sie die Flut beschworen.

Dass die Liebe Berge versetzt, wusste man also schon im alten Ägypten. Hier eines
der „Lieder vom Fluss" aus dem 12. Jahrhundert v. Chr.

Enkidu

Seit er, mit dem so viel Gefahren ich bestanden
und dem in tiefer Freundesliebe ich vereint,
seit er, mit dem so viel Gefahren ich bestanden,
wie es der Sterblichen Geschick, ach, ward zuschanden,
hab Tag und Nacht um ihn, Enkidu, ich geweint.

Ich gab nicht zu, dass man ihn gleich zu Grabe brächte,
ich hoffte, dass mein Wehgeschrei ihn noch erweckt.
Sechs Tage hat er so gelegen, sieben Nächte,
bis Würmer schließlich ihm das Angesicht bedeckt.

Das Leben hab seitdem ich nirgends mehr gefunden,
dem Räuber gleich bin durch die Steppe ich geirrt;
steh, Schenkin, nun vor dir und sage unumwunden:
Ich will nicht, dass auch mir dies schlimme Schicksal wird!

Die Schenkin sprach: „Dies wird dir, Gilgamesch, nicht glücken.
Denn als die Götter schufen einst des Menschen Art,
entschieden sie, als Erbteil ihm den Tod zu schicken –
das Leben haben sie sich selber aufgespart.

...

Deswegen sorge, dass dein Bauch nie Mangel leide,
bei Tag und Nacht steh nach Vergnügen dir der Sinn.
Bereite alle Tage dir ein Fest der Freude,
bring deine Zeit mit Spielen und mit Tanzen hin.

Bedenke, immer frische Kleider anzuhaben,
und reinlich sei auch stets am Haupte und am Leib;
und freue dich an deiner Seite deines Knaben,
wie sich der Lieb an deinen Lenden freu dein Weib!"

Die sagenhaften Abenteuer des Königs Gilgamesch von Uruk aus dem Lande Sumer,
der im 3. Jahrtausend vor Christus gelebt haben soll, schildert das älteste schriftlich
überlieferte Epos der Menschheit. Die verschiedenen im alten Orient umlaufenden
Fassungen erhielten um 1200 v. Chr. als „Zwölftafel-Epos" ihre endgültige
akkadische (babylonische) Form und sind durch die Tontafel-Bibliothek des Königs
Assurbanipal (7. Jh. v. Chr.) in Ninive auf uns gekommen. Gilgamesch, so die wohl
berühmteste Passage, hat mit seinem Freund Enkidu bereits viele gefährliche
Abenteuer bestanden, als dieser plötzlich stirbt. Als der König einsehen muss, dass
dessen Tod unwiderruflich ist, macht er sich, bestürzt und voller Sorge um sein
eigenes Ende, auf den Weg zu seinem Urahn Utnapischtim, der gemeinsam mit
seiner Frau als einziger die Sintflut überlebt und Unsterblichkeit erlangt hat.
Unterwegs trifft er die „Schenkin", die „in des Meeres Abgeschiedenheit" wohnende
Göttin Siduri, die ihm abrät von dem sinnlosen Vorhaben, ein Mittel gegen den Tod
zu finden. Gilgamesch jedoch gelingt es, zu den beiden Alten vorzudringen und mit
ihrer Hilfe „die dornige Pflanze" des ewigen Lebens zu gewinnen. Auf dem Weg
zurück nach Uruk wird ihm das Kraut jedoch von der Schlange geraubt, die es
unwiederbringlich vertilgt (und sich selbst durch die Fähigkeit, ihre alte Haut
abzustreifen und eine neue anzulegen, die Unsterblichkeit sichert). Wieder daheim,
bleibt ihm nur der wehmütige Blick auf die Häuser, den Palast und die Stadtmauer,
die ihn als steinerne Zeugen seines Daseins überdauern werden. - So steht am
Anfang unserer Zivilisation ebenso die Trauer über den unabwendbaren Tod wie der
leidenschaftliche Aufruf, die kostbaren Tage unseres Lebens eindringlich zu
genießen.

Osterspaziergang

Vom Eise mussten sich die Bäche nicht befreien,
es war der Winter milde eher ja denn rau,
und doch verdankt sich dieser Fluren Neugedeihen
des Frühlings schöpferischem Blick auf Ast und Au.

Wie er drauf sah, mit Schlehen alles zu beleben
und ihren schaum'gen Blüten auf den Hügelwelln,
die, noch zu keusch zwar, Früchte oder Rausch zu geben,
doch schon so reichlich, um das graue Grün zu helln.

Allein: Dem Weiß wollt er das Feld nicht überlassen,
damit es nicht des Wandrers schweifend Aug verbrauch,
und schenkte diesem, andre Farbenlust zu fassen,
in sattes Gelb gekleidet den Ranunkelstrauch.

Dem konnte hier und da der Straßengraben taugen,
bisweilen aber auch die offene Natur,
sich mit der ganzen Kraft der Sonne voll zu saugen
und mit dem unermesslich strahlenden Azur.

Noch wen'ger war der Hahnenfuß zu übersehen,
wenn auch mit Sternenblüten der, uns nicht vertraut,
er mochte oft dem Löwenzahn zur Seite gehen,
doch trug mit Stolz er seinen Namen Scharbockskraut.

Und dann: Sumpfdotterblumen, was für eine Fülle!
In ganzen Büschen quolln sie aus dem Ackersaum,
quolln aus der heißen, flirrenden Insektenstille,
des Rinnsals mittäglich verdientem Ruhetraum.

...

Der Lenz verriet in tausend Farben sich und Düften,
in tausend Klängen überdies dem wachen Ohr –
o welch ein Zwitschern tönte ringsum aus den Lüften,
welch Harmonie aus dieser Vögel Zufallschor!

Den Buchfink sah ich selber, wie er jubilierte
und rasch von seinem schwanken Sitze wieder schied,
und auch die Goldammer, die keck und kühn spazierte
auf übermüt'ger Lämmer Hüpf- und Springgebiet.

Am Abend brannten überall die Osterfeuer
und gaben mir wie Fackeln heimwärts das Geleit.
Die Blumen und die Vögel, die mir tags so teuer,
sie schliefen irgendwo da in der Dunkelheit.

Nachklang eines Tags im Grünen bei Freunden in Weste, rund 20 Kilometer
südöstlich von Bad Bevensen, im Landkreis Uelzen. Wohnsitz: Ein über
hundertdreißigjähriger Bauernhof, Typ Wohnstallhaus, in stetiger Arbeit über die
Jahre liebevoll renoviert. Ringsum 20 000 Quadratmeter Gärten und Wiesen,
Schuppen und Scheunen, hohe, ehrwürdige Pappeln, dichtes Buschwerk, Obstbäume,
eine Schafweide. Lage an der Dorfgrenze, Übergang ins weite Hügelland mit
Feldern, Gräben und kleinen Wäldchen. Ideal zum Herumstreunen, eine Wohltat für
die naturfremde „Stadtmaus".

Ich weiß nicht

Von irgendwo bin ich in diese Welt getreten,
ein Weg, auf dem ich stand, kam jäh mir zu Gesicht,
den musst ich wandern, ob ich ihn auch nicht erbeten –
woher ich komm, wohin ich geh: Ich weiß es nicht.

Bin ich schon lang hier oder erst seit wen'gen Tagen?
In Freiheit oder unter einer Kett' Gewicht?
Trag ich mein Leben, werde ich von ihm getragen?
Was ich so liebend gerne wüsst: Ich weiß es nicht.

Wird man einst auferstehn, um Rechenschaft zu geben?
Zu ew'gem Leben, ew'gem Todesschlaf gericht't?
Trifft, was das Volk erzählt, ins Schwarze, trifft's daneben?
Gibt's Wissende, nur einige? Ich weiß es nicht.

Mein kindlich Jauchzen, Weinen – wo sind sie geblieben?
Wo ist die Torheit, wie sie aus der Jugend spricht?
Wo sind die Träume, die ich lange abgeschrieben?
Und wie sind sie verflogen? Ach, ich weiß es nicht.

Nach Ilya Abu Madi, einem 1919 in Syrien geborenen Dichter mit Wohnsitz
in den USA. Was spricht aus diesen Zeilen? Dass wir die wesentlichen Dinge immer
noch nicht wissen, auch wenn uns die ständig steigende Flut technischer Erfindungen
eine Welt vorgaukelt, die wir bis ins I-Tüpfelchen durchschauen und beherrschen. In
den existenziellen Fragen sind wir nicht weiter als unsere fellbefrackten Faustkeil-
Ahnen, und das Schlimme ist nicht, dass wir es nicht sind, sondern dass wir in
unserer Gut und Geld vergötzenden Nuckel-Seligkeit nicht einmal auf die Idee
kommen, es ändern zu wollen. (Die sog. Spiritualität, derer sich manche rühmen, ist
ja nichts grundsätzlich Neues, sondern wärmt nur die uralte Fertigkost spätantiker
Volksfrömmigkeit wieder auf.)

Mein Herz wird

Mein Herz wird, kleiner Liebling, ewig dich umfangen,
    gehn auch die Tage, Monde, Jahre mir dahin.
Was könnte je mich trösten, dass du fortgegangen,
    wie käm dein süßes Plappern je mir aus dem Sinn?

Kaum wagt ich's, dass den Leib, den zarten, ich liebkose –
    wie mag's ihm gehn auf seiner Stätte hartem Grund?
Mein heißes Sehnen will verbrennen schier die Rose,
    wenn ich im Garten denk an deinen Knospenmund.

Dein Körper, schimmernd, ach, verwandelt zu verwesen –
    ziert noch der Braue feines Schwarz die klare Stirn?
Beginnt das Haar, das goldene, sich aufzulösen,
    die Lockenpracht, die ich so liebt', sich zu verwirrn?

Hat sich gelegt das wütende, des Himmels Wallen,
    dass deine Rosenwange dorrn und schwinden müsst?
Ach, oder werden auch die Händchen, weich, zerfallen,
    die ich im Spiele immer gern, so gern geküsst?

Nach der „Elegie auf den Tod seiner Enkelin" von Akif Pascha (1787 – 1848),
der, u. a. als Außenminister, ein hoher Mandatsträger des Osmanischen Reiches war.
Seine Klage über das Hinscheiden des geliebten Kindes scheint mir um so echter, als
sie nicht den billigen Trost im „unerforschlichen Ratschluss des Höchsten" sucht, der
am Ende alles zum Guten wendet, sondern im Kontrast zwischen lebendiger Frische
und leiblichem Zerfall die ganze Brutalität des Todes beschwört.

Ich höre Istanbul

Ich höre Istanbul, wenn ich die Augen schließe:
Zuerst kann ich den Wind, den sanften, da verspüren,
und wie der Bäume Blätter alle immerzu
in diesem Winde sich unmerklich beinah rühren,
und fern des Wasserträgers Glöckchen ohne Ruh.
Ich höre Istanbul, wenn ich die Augen schließe.

Ich höre Istanbul, wenn ich die Augen schließe:
Die Vögel, die in Scharn, den Lüften anbefohlen,
am Himmel fliegen, schreiend ohne Unterlass,
und wie man geht, die Netze wieder einzuholen,
und Mädchenfüße tauchen leise in das Nass.
Ich höre Istanbul, wenn ich die Augen schließe.

Ich höre Istanbul, wenn ich die Augen schließe:
Den kühln Basar, von Rufen Mahmutpascha[1] tönen,
die Höfe, die wie immer voller Tauben sind.
Und Hammerschläge, wie sie von den Docks her dröhnen,
da Schweißgeruch erfüllt den süßen Frühlingswind.
Ich höre Istanbul, wenn ich die Augen schließe.

Ich höre Istanbul, wenn ich die Augen schließe:
Berauscht von Festen noch, die im Vergangnen liegen,
ein Haus, ein großes, irgendwo an einem Strand
mit Schuppen für die Boote, düster-dämmerigen,
im Südwind, der nun nicht mehr braust so unverwandt.
Ich höre Istanbul, wenn ich die Augen schließe.

...

Ich höre Istanbul, wenn ich die Augen schließe:
Ein hübsches Mädchen langsam übers Pflaster schreiten,
und dann die Rufe, Flüche, Sänge hinterdrein,
und jetzt aus ihren Händen was zu Boden gleiten –
ja, eine Rose müsste das gewesen sein.
Ich höre Istanbul, wenn ich die Augen schließe.

Ich höre Istanbul, wenn ich die Augen schließe:
Da flattert wo ein Vögelchen an deinen Hängen.
Ich weiß, ob deine Lippen feucht, die Stirne heiß.
Der Vollmond kommt, sich hintern Pinien vorzudrängen -
von deinem Herzschlag ist es, dass ich dieses weiß.
Ich höre Istanbul, wenn ich die Augen schließe.

Eine Liebeserklärung von Orhan Veli Kanık (1914 – 1950) an seine Heimatstadt, die mich an Wolfgang Borchert denken lässt: „Hamburg, das ist mehr als ein Haufen Steine – das ist unser Wille zu sein". Bei dieser Liebe spielt die Natur immer noch eine Rolle: das Meer, der Wind, die Sterne. Was aber verband John Dos Passos mit Manhattan? Werden wir dereinst den Beton lieben wie Blumen, weil wir in Beton geboren sind? Kanık hat übrigens keine Reime benutzt, er wollte – was für die türkische Poesie absolut revolutionär war – das einfache, umgangssprachliche Wort wirken lassen. Ich konnte mich trotzdem nicht bremsen, Reim und Metrum zu nutzen – Vergebung!

[1]Mahmutpascha ist ein Geschäfts- und Marktviertel in Istanbul.

Die Zeit

Es fährt die Zeit, ein Ross, dem sieben Zügel eigen,
mit tausend Augen, ewig, zeugend immerdar.
Und Sänger sind es, gottesvoll, die es besteigen,
und die es zieht, die Räder, sind der Welten Schar.

Mit sieben Rädern fährt die Zeit und sieben Naben
und mit Unsterblichkeit als Achse mittendrin.
Die Wesen führt sie her, die wir hienieden haben,
indes als höchste Gottheit eilt sie selbst dahin.

Die Zeit hält immer einen vollen Krug in Händen,
der reich verziert ist bis hinauf zu seinem Rand.
Die Lebenden nimmt sie hinweg an allen Enden,
im höchsten Himmel wird sie Schicksal auch genannt.

Die Zeit schuf alle Himmel, die wir droben sehen
und rief auch unsre Erdenstätte hier ins Sein.
Was heute ist, und was erst morgen wird geschehen,
von ihrem Sporn getrieben dies entsteht allein.

Den Boden, den wir treten, tat die Zeit erbauen,
in ihr allein nur glüht der Sonne Feuerkleid.
In ihr allein nur kann des Menschen Auge schauen –
ach, alles, was da lebt, gehört nur ihr: der Zeit.

Ein Hymnus aus der vedischen Literatur Indiens. In den ältesten, noch vor 1000 v.
Chr. entstandenen religiösen Texten gab es noch nicht die Lehre vom Kreislauf der
Wiedergeburten, dem man nur durch Weltentsagung, liebende Hingabe an die
Gottheit oder eigene Erkenntnis („Erleuchtung") entrinnt. Der Gläubige führte
vielmehr ein gottesfürchtiges Leben in der Hoffnung, nach dem Tod ins Paradies
einzugehen. In diesem Hymnus sehen wir – unabhängig von solchen Überlegungen -
die Zeit als Gottheit gepriesen, die am Uranfang der Welt steht und ihren ständigen
Wandel bewirkt. Ähnlich wie etwa gleichzeitig in Spekulationen der Iraner und
später in denen der Griechen müssen sich ihr auch die Götter beugen, die zwar
unsterblich sind, doch wie alles andere auch den Wechselfällen des Schicksals
unterworfen.

Auf den Tod der Geliebten im Orte Karu in Yamato

Wildgänse ziehen, „kari", in der Himmelsweite
auf Karu zu, der Liebsten Heimatdorf, den Weg.
Dahin hab ich mich stets gesehnt, an ihre Seite,
doch ging nur selten, dass ich Aufsehn nicht erreg.

„Verzweigte Ranken wieder zueinander finden" –
wie einem Schiff man traut, so sicher war mein Sinn,
und wie ein Quell, verborgen unter Felsengründen,
gab ich mich still der heimlichen, der Sehnsucht hin.

Da - wie die Sonne sinkt, der Mond miteins verhangen -
sei die wie Seegras immer schmiegte sich und wand,
sei, ach, wie Herbstlaub mir mein Lieb dahingegangen –
so sprach der Bote mit dem Holzstab in der Hand.

Da schwirrten mir, als ob es Sehnen wärn, die Ohren,
die Sprache es, die Fassung mir sogleich verschlug.
Im Augenblick ging aller Lebensmut verloren:
Nur dies zu hören, ach, war dazu schon genug!

Um einen Hoffnungsschimmer mir noch zu gewähren,
eilt ich nach Karu, dorthin, wo den Markt man hält,
den meine Liebste häufig pflegte zu beehren,
und habe bang zu lauschen mich da aufgestellt.

...

Die Vögel konnt ich hörn auf des Geschmückten Höhen,
auf dem Unebi – doch von ihr kein Sterbenswort.
Nicht eine, die ihr glich in diesem Kommen, Gehen,
vergeblich rief und winkte ich in einem fort.

Genauso wie im Herbste, der zuletzt verflossen,
erstrahlt die Nacht heut in des Mondes vollem Schein –
von ihr, die diesen Anblick mit mir hat genossen,
werd ich nun bald durch Jahre schon geschieden sein!

Verse aus dem Manyôshû, der ältesten erhaltenen japanischen Anthologie,
die um das Jahr 760 entstand und rund 4500 Gedichte aus mehreren Jahrhunderten
enthält. Dieses stammt von Kakinomoto Hitomaro, einem Adligen des 7. Jahrhunderts, der als Beamter Posten in verschiedenen Provinzen innehatte und mit 78
weiteren Gedichten in der Sammlung vertreten ist. Sie kreisen meist um Angehörige
des Kaiserhauses, um Gefühle wie Trauer und Sehnsucht und die Natur und werden
in Japan vor allem wegen ihres schlichten, bisweilen auch altertümlich-feierlichen
Ausdrucks geschätzt.

Nach dem Tode der Gattin

Ein wenig kühler ist er schon in diesen Tagen,
wie er so herbstlich durch die Lande weht, der Wind.
Wie soll ich, einsam und verlassen, sie ertragen,
ach, diese Nächte, die doch nun schon länger sind?

Mit welchem Gleichmut ich dich stets betrachtet habe,
o Saho-Berg, in jener alten, alten Zeit –
und jetzt, da meine Liebste bei dir ruht im Grabe,
wie wird mein Herz, wenn ich dich sehe, mir so weit!

Ôtomo Yamamochi, der diese Zeilen schrieb, stammte aus einer vornehmen
japanischen Kriegersippe und bekleidete hohe Staatsämter. Er gilt als maßgeblicher
Kompilator des Manyôshû (s. das vorhergehende Gedicht), in dem er auch mit den
meisten Gedichten (481) präsent ist. Aus seinen Versen sprechen weniger spontane,
als vielmehr ästhetisch reflektierte Emotionen, wie sie für die nachfolgenden großen
japanischen Anthologien typisch werden sollten. Vergleicht man sein Gedicht mit
dem vorhergehenden, wird dies deutlich: Während Hitomaro (s. vorhergehendes
Gedicht) seinen Verlust nicht wahrhaben will und auf der Suche nach der
Verblichenen verzweifelt umherirrt, kleidet Yakamochi seine Trauer in das
wehmutsvolle Bild der herbstlichen Natur.

Schon elf

Schon elf. Und blässlich allerwärts noch Bläue.
Ein milder Junitag klingt leise aus.
Durchs Fenster schaue ich in alter Treue
Laterne drüben, Baum und Nachbarhaus.

Ihr Lieben, seid gegrüßt zur späten Stunde!
Und auch bedankt, dass ihr mich nicht verlasst!
Seit Jahren bin ich ja mit euch im Bunde,
wenn abends mich die Reimeslust erfasst.

Habt ihr den Mond nicht irgendwo gesehen?
Auch von den Sternen heute keine Spur.
Na ja, es muss auch einmal ohne gehen –
versteh der Himmel ihre Extratour!

So sinnend, fühl ich mich mir selber leben,
so dichtend, fühl ich kräftig mich und wert.
Zum Schönen möcht ich schreibend mich erheben,
das innig auch des Guten Triebe nährt.

Ach, ob ich nur ein einz'ges Herz betöre
mit meiner nächt'gen Worte Sinn und Klang,
zum Bess'ren eine Seele nur bekehre,
in die empfänglich ihre Botschaft drang?

Die Musen sind von ihrem Sitz vertrieben,
behäbig herrscht heut Mammon auf Parnass,
der Kunst nur duldet, wenn sie abgeschrieben
bilanzlich gegen Steueraderlass.

...

74

Dagegen kann ich mich so wenig wehren
wie gegen der Minuten ständ'gen Fluss,
kann nur in Strophen, Strophen mich verzehren,
weil ich in Strophen mich verzehren muss.

Schon elf vorbei. Der Rote kennt kein Rasten,
verbissen schleppt er die Sekunden fort.
Die Nacht wird sich allmählich weitertasten.
Bald steht auf meinem Blatt das letzte Wort.

Für einen Moment habe ich mich vergessen. Dann denke ich nach, suche nach
Worten, schreibe auf. Aber dann höre ich wieder das Ticken, und ich sehe den
Sekundenzeiger, der unermüdlich über die Ziffern streicht. Mit diesem zitternden
Spinnenfinger notiert sich die Zeit die Lebensaugenblicke, die verbraucht sind, jeden
einzelnen mit unfehlbarer Präzision. Man hält sie nicht auf. Sie zählt zusammen, bis
nichts mehr übrig bleibt. Aber man kann ihr etwas abringen – eine Idee, ein Bild, ein
Gedicht. Kunst ist auch Kampf gegen die Zeit. Natürlich bleibt diese am Ende immer
siegreich. Aber wir haben ihr, der unsichtbaren, gespenstischen, wenigstens ein
Gesicht gegeben. Es trägt unsere „Handschrift", und sie muss es bewahren. So ist ihr
Triumph nicht vollkommen.

Von unsren Ahnen

Von unsren Ahnen, die noch kannibalisch lebten,
heißt's, dass sie ihre Feinde liebend gern geköpft,
weil sie nach ihres Markes weicher Masse strebten,
aus der sie kau'nd und schlingend neue Kraft geschöpft.

Warum nicht heute auch nach lithischen Rezepten
ein steifes Süppchen für gewisse Zwecke rühm,
wo doch des Mys'tschen zeitgenössische Adepten
der Alten Witz und Weisheit stets im Munde führn?

Ein Fläschchen roten Saftes hab ich mir erworben,
das meinen Reimen auf die Sprünge helfen soll –
der auf dem Etikett ist lange schon verstorben,
doch seines Geistes ist die Flüssigkeit noch voll.

Dem Schongauer, dem Martin, weiht sich dieser Tropfen,
der meisterlich den Pinsel einst zu führn gewusst.
O dass er sprenge meines Hirns Gedankenpfropfen,
o dass er Bilder lass entströmen meiner Brust!

...

Dem Weine bin ich ohnehin geneigt zu trauen,
dass er Freund Pegasus zu größren Sprüngen bringt –
um wie viel mehr, ihn so berühmt benannt zu schauen,
so merklich malerisch der Buddel Bauch beringt.

Inzwischen hab ich doch schon Einiges im Magen
von diesem künstlerblutgetränkten Elixier.
Ob es ein kleines bisschen wohl schon angeschlagen,
schon etwas Wirkung zeigt in diesen Zeilen hier?

Martin Schongauer, um 1450 in Colmar geboren und 1491 dort gestorben, ist der
bedeutendste deutsche Maler, Zeichner und Kupferstecher vor Dürer, dessen größtes
Vorbild er war. Nur wenige Gemälde sind von ihm erhalten (so die „Madonna im
Rosenhag" von 1473, die sich zu St. Martin in Colmar befindet), dafür aber über 50
Zeichnungen und mehr als 100 Kupferstiche. Der trockene Spätburgunder Rosé, der
seinen Namen trägt, kommt aus dem badischen Breisach, wo der Meister zeitweilig
lebte und arbeitete. Erst durch dieses Wein-Etikett habe ich erfahren, dass in Colmar
nicht nur Matthias Grünewald gewirkt hat, sondern auch Schongauer – ich wäre
damals auf der Durchreise in die Provence nicht nur ins Unterlinden-Museum,
sondern auch ins Martinsmünster gepilgert. Wie heißt doch das Sprichwort? In vino
veritas!

Weit steht das Fenster

Weit steht das Fenster auf, den Frühling einzulassen,
ein laues Lüftchen weht von den Zypressen her
und von den Hügeln, die in dunst'gem Licht erblassen,
ein bläulich-schimmernd Sediment im Wolkenmeer.

Wie selig muss man seine Stimme da erheben,
wie innig muss er sich entringen, der Gesang:
In jeder Silbe scheint es mitzuschwingen: „Leben",
in jedem Takt des Herzens ganzer Liebesdrang.

Zum Musizieren tragen sie die schönsten Kleider,
verleihen Festlichkeit dem freud'gen Augenblick.
Wer spart an Rüschen - Schneiderin oder Schneider?
Gefältel und Gekräusel macht die Bluse schick!

Der einen Finger sieht man über Tasten gleiten,
dass dem Piano goldne Töne sie entlock,
die andern stehend standhaft ihr im Rücken weilen,
wie Kerzen feierlich in ihrem langen Rock.

„O mög dies Lied Millionen Strophen doch umschließen,
Millionen Tage dieser glückliche Moment,
dass ewig, ewig diese Flamme wir genießen,
die nur im Frühling uns so heiß im Busen brennt!"

Der Florentiner Silvestro Lega hat 1867 „Das Stornello-Singen" gemalt,
eine Interieur-Szene mit drei Frauen vor geöffnetem Fenster, das einen weiten
Ausblick in die Frühlingslandschaft erlaubt. Sonntagsstimmung, feierliche
Entrückung, von innen ausstrahlende Daseinsfreude. Ein Tropfen Lebensblut, in Öl
geronnen und im Palazzo Pitti zu wehmütigem Gedenken konserviert. Wie viele
unvergessliche Augenblicke sind so in die Musengrüfte der Galerien gebettet, wie
viel Freude, Liebe, Hoffnung, Mut, Elend, Hass, Verzweiflung! Einst gelebter
Moment im Fluss des Daseins, jetzt gerahmte Kunst, tausendfach den flüchtigen
Blicken gelangweilter Neugier preisgegeben. Und von wie vielen bleibt nicht einmal
das!

An Nanno

Was gäb's für Freuden ohne sie, die goldne Aphrodite?
Gleich will ich tot sein, wenn mir dies nicht mehr gefällt:
Der Liebe Zeichen, heimlich, ohne dass sie sich verriete,
die niedlichen Geschenke und das Lager, das man hält.

Ach, wie es immer welkt und weicht, dies jugendliche Blühen,
wie es uns allen, Mann und Frau, so furchtbar rasch entflieht!
Und schon stellt sich das Alter ein mit ungezählten Mühen,
verwischend zwischen schön und hässlich allen Unterschied!

Dann wird er Sorgen, nichts als immer wieder Sorgen spüren,
wird keinen Spaß mehr haben, wenn die Sonne hell und heiß;
die Knaben ärgern ihn, da ihn die Mädchen ignorieren –
ach, so viel Unbill hat die Gottheit ihm verliehn, dem Greis!

Der griechische Dichter Mimnermos stammte aus Kolophon, lebte um 600 v. Chr.
Mit seinen Liedern über das Alter wurde er zum Schöpfer der Elegie, der
wehmütigen Besinnung auf das rasch zerrinnende Leben. Nanno war vermutlich
seine Geliebte, obwohl die heutige Literaturwissenschaft Liebeselegien, die
persönlichem Erleben des Dichters entspringen, für diese frühe Zeit europäischer
Lyrik nicht anerkennen will. Ich weiß nicht: Nach der Lampe riechen diese Verse mir
nicht! Eher nach einem „Komm, lass uns das Leben genießen, bevor es zu spät ist!",
dem vorweggenommenen Carpe diem Epikurs.

Die Lebensalter

Den Frühlingsblättern gleich, die in der Blumen Zeit entsprießen,
sobald die Sonne wärm'ren Strahls sie aus den Zweigen zieht,
ist's kurz uns nur gewährt, der Jugend Blüte zu genießen,
da sich uns – fröhlich, sorglos – Gut und Bös noch nicht verriet.

Doch immer düster uns die Schicksalsgöttinnen umlauern –
die eine schickt das Alter uns, die andere den Tod,
der Jugend Blüte, ach, darf einen ein'zgen Tag nur dauern,
sinkt wie die Morgensonne wieder rasch ins Abendrot.

Sind sie vorbei, die Jahre dieser unbeschwerten Freuden,
begehre man am besten, dass man schon gestorben wär.
Auf mannigfache Art muss dann die Seele nämlich leiden:
Dem macht das Herz des Hauses Kummer, macht die Armut schwer

Ein andrer, grad begierig seinen Kinderwunsch zu stillen,
muss in die Erde schon hinab, in der Verblich'nen Land,
und jenen schwächt die Krankheit, zehrt an seinem Lebenswillen –
so hat uns Zeus in reichem Maße Übel zugesandt!

Noch ein Beispiel, das uns des Mimnermos melancholischen Blick aufs Dasein
verrät. Was hätte er zur „Kraft der zwei Herzen", zu „Fit über fünfzig" oder den
rüstigen Senioren gesagt, die ihre leidlichen Renten hoch-die-Tassen in Gartenlauben
und Feriendomizilen verjubeln? Na ja, hätte er wohl gesagt, ein bisschen
kommerziell, ein bisschen vulgär, ein bisschen Augenwischerei, aber immerhin:
Auch 'ne Menge Spaß dabei. Hätten wir hier schon gut gebrauchen können, bei
Zeus! alles was recht ist!

Nimmer geboren zu sein

Die Ird'schen, ach, am besten wärn sie nie geboren
und hätten nie erblickt des Tages strahlndes Licht!
Wo doch: sie flöhn gleich wieder zu des Hades Toren,
im Grab geborgen, Erde auf dem Angesicht!

Theognis, der Dichter dieser düsteren Zeilen, lebte um 500 v.Chr. Er stammte aus
Megara, wurde von politischen Gegnern seiner Güter beraubt und aus der Heimat
vertrieben. Seine Verse kreisen um den Krieg der Perser gegen die Griechen, denen
er wegen ihrer Uneinigkeit ein schlimmes Schicksal prophezeit. Die schwarzen
politischen Wolken und sein eigenes Flüchtlingsschicksal haben ihm wohl seine
elegischen Distichen (zwei Verszeilen mit je sechs bzw. fünf Hebungen) eingegeben
– obwohl er später auch die Knabenliebe und andere Freuden des Lebens besang.

Das Grab der Laïs

Die mit dem Liebesgott einst schwelgte in Genüssen
im Glanz des Golds und prächt'gem Purpur immerzu,
dern Anmut sich selbst Cypria hat beugen müssen,
ach, Laïs liegt an diesem Ort zur letzten Ruh.

Da wo des Meeres Wellen ringsumher nie weichen,
hat sie gelebt inmitten der Korinther Schar;
Pirenens funkelnder Kristall konnt ihr nicht gleichen,
die Liebesgöttin unterm Volk der Menschen war.

Die feinsten Herren nahten ihr aus freien Stücken,
mehr als man seinerzeit nach Helena begehrt,
bei ihr allein die Blume höchster Lust zu pflücken
und die Genüsse, die der Liebe Kauf gewährt.

Des Krokus süßen Duft spürt man vom Grab noch immer
und den der Asche, die von Salböl noch getränkt,
und wie vom Haare noch mit seinem schönen Schimmer
ein leichter Hauch ambrosisch in den Lüften hängt.

Als sie verschied, verging vor Schmerz fast Aphrodite,
und Eros hat mit bittren Tränen wehgeklagt –
o hätt sie nicht verlangt, dass Geld für Gunst man biete:
Den Kampf um Troja hätte Hellas neu gewagt!

Antipatros (oder Antipater) von Sidon, Ende des 2. Jh. v. Chr., stammte aus dem
phönizischen Tyros und war als Dichter auf Grabinschriften spezialisiert. Man spürt
es ein bisschen auch in diesem Epigramm, das mehr poetische Routine als echtes
Gefühl zeigt. Kunststück – die so Besungene war keine Zeitgenössin, die er vielleicht
gekannt haben mochte, sondern schon seit vielen Jahren tot. Laïs, Tochter der
Timandra, der Geliebten des Alkibiades, war in Sizilien geboren und nach der
Invasion des Nikias nach Griechenland verschleppt worden. Hier sollen die Männer
reihenweise ihren Reizen erlegen sein – zum Leidwesen ihrer Ehefrauen, die sich,
eifersüchtig wie sie waren, keinen besseren Rat wussten, als sie – in einem
Aphrodite-Tempel in Thessalien – um 390 v. Chr. aus dem Leben zu befördern. Das
ist der Stoff, aus dem in Griechenland die Dramen sind.

Radegunde

Ach, ich allein hab alle überlebt
und lebe, um sie zu beweinen,
in eines Klosters Klause eingewebt,
Gebete seufzend zu dem Einen.

Der Thür'nger stolzem Stamme ich entspross,
als Königstochter gar geboren,
ward eines Langobarden Eh'genoss,
der Heimat immerdar verloren.

Da nahte sich der Franke auf einmal,
die Lande schrecklich zu verheeren,
und scheut auch nicht des Königs Sitz und Saal
mit Schwert und Flamme zu entehren.

Geraubt ward ich mit meinem kleinen Sohn,
fiel mitleidlos in fremde Hände,
des Schlachtensiegers frevelhafter Lohn:
dass er das Weib des Feindes schände.

So ward ich denn dem Chlothar anvertraut,
der Franken Kön'gin wider Willen,
unfähig, in dem schönen Stand der Braut
die Witwentränen mir zu stillen.

Statt dessen ist aus diesem falschen Bund
noch weitere Trauer mir geworden,
als mein Gemahl, wer weiß, aus welchem Grund,
ach, meinen Bruder ließ ermorden.

...

Da schrie mein Schmerz mich fort aus dieser Welt,
hieß mich der Stille Trost begehren.
Und er, der mein Gebieter, Herr und Held,
mocht mich dem Höchsten nicht verwehren.

Ach, ich allein hab alle überlebt
und lebe, um sie zu beweinen,
bis einst der Tod des Jammers mich enthebt
und selig sterb ich zu den Meinen.

Ein Schicksal, wie es in der Völkerwanderungszeit Unzählige erlebt haben müssen, gekrönte Häupter nicht ausgenommen. Vom Einfall der Hunnen in Osteuropa im Jahre 375 bis zur Wanderung der Langobarden nach Italien 568 rechnet man diese Epoche, die voll war von Blut, Grausamkeit und Tränen – „Heldenzeit" nannten sie früher die Historiker aus der sicheren Zuflucht ihrer wohltemperierten Studierstube. In Wirklichkeit wälzten sich über all diese Jahre zahllose Völkerschaften in endlosen Trecks von Kriegern, Weibern und Kindern kreuz und quer durch die Lande, alles verschlingend und verwüstend, unablässig mordend, raubend und kämpfend, bis sie schließlich, ermattet von den Strapazen ihrer eigenen Gier und Gewalt, selbst dahinsanken, die Reihen von Hunger, Schwert und Kälte gelichtet, Elendshaufen von Abenteurern und Verzweifelten, die den Boden Europas in ein einziges Schlachtfeld verwandelten. Man lese etwa Magdalena Mączyńska; Die Völkerwanderung. Geschichte einer ruhelosen Epoche, Düsseldorf-Zürich (Artemis & Winkler-Verlag) 1993.
/Die kursiven Zeilen sind geschichtlich als Worte der Radegunde überliefert.

O weint, ihr Grazien

O weint, ihr Grazien, weine, Liebesgott, und leide,
und jeder Bessre weine sich die Augen rot,
denn meiner Liebsten ganze Lust und ganze Freude,
ihr Spatz, den über alles sie geliebt, ist tot!

Wie niedlich war er nicht, wie artig nicht zu nennen,
so süß, dass man es recht an Honig nur ermisst!
Sein Frauchen wusst er unter allen zu erkennen,
grad wie ein Mädchen weiß, wer seine Mutter ist.

Am liebsten ließ er sich auf ihrem Schoße nieder,
wo fröhlich er herumzuhüpfen gleich begann,
mal hierhin und mal dorthin, immer auf und nieder,
und piepste immer nur sein Frauchen dabei an.

Und nun, ach, wandert er auf diesem düstren Pfade,
der niemals einen auf die Erde wiederbringt.
Verflucht seid, Höllenschatten, die ihr ohne Gnade
auch alles, was mit Schönheit ist geziert, verschlingt!

Wie hübsch er war, den ihr da habt hinweggenommen!
Du armes Spätzchen - welche Tat voll Schimpf und Graus!
Mein Mädchen ist deswegen völlig mitgenommen
und weint und weint sich schier die lieben Äuglein aus!

Dies ist eines der beiden „Sperlingsgedichte", mit denen der römische Dichter Catull
(ca. 84 – 54 v. Chr.) seine Liebe zu der Frau bekannte, die er in anderen Versen –
wegen ihrer gemeinsamen Verehrung für die Dichterin Sappho von Lesbos -
„Lesbia" nannte. Vermutlich ist damit Clodia gemeint, die Schwester des Tribunen
Clodius Pulcher. Wie auch immer – die Sprache ist unverfälscht, gefühlvoll, Anteil
nehmend, wie sich dieser früh verstorbene Poet auch sonst durch echtes Empfinden,
schlichten Ausdruck und unkonventionelle formale Mittel auszeichnet.

Aus der Elegie auf den Tod des Tibull

Muss uns das Schicksal stets die Besten rauben?
Auch ich gesteh, und fällt es mir auch schwer:
Allmählich werd ich irr an meinem Glauben,
verstehe die Olympier nicht mehr.

Du kommst in jedem Falle auf die Bahre,
warst du im Leben noch so tugendhaft.
Den Göttern opfre – sogar vom Altare
der Tod hinab dich in die Grube rafft.

Da suche im Gesange deinen Segen.
Schau her: Hier liegt Tibull zur letzten Ruh.
Was von dem Großen wir noch haben, hegen,
das deckt für immer diese Urne zu.

Wagte die Glut, dein ruh'ndes Haupt zu brennen,
wich sie nicht, Heil'ger, scheu vor dir vom Weg?
Was hindert sie – vermessen wär's zu nennen -,
dass goldne Tempel sie in Asche leg?

Doch wenigstens ist dir erspart geblieben
Phäakiens Insel, die sich fern erstreckt,
wo du als Fremder, einsam und vertrieben,
von Staub nur wärst, unseligem, bedeckt.

...

Die Mutter kam, die Augen dir zu schließen,
und legte Gaben noch der Asche bei,
und auch die Schwester ließ nicht Zeit verfließen,
erhob mit jener bald ihr Wehgeschrei

Verstört, die Haare aufgelöst in Strähnen.
Selbst Nemesis ihr Haupt in Trauer barg;
die Jugendliebste küsst' dich unter Tränen:
Sie alle standen dir an deinem Sarg.

Tibull (54 – 19 v. Chr.), römischer Ritter und Gutsherr, war trotz mancher
Kriegsdienste an den Grenzen des Reiches ein Sänger der Liebe und des ländlichen
Friedens. Die „Muse" seines kurzen Dichterlebens war Delia, der er auch diese
Zeilen widmete:
„Dich will ich schauen einmal,
wenn die letzte Stunde gekommen.
Dich will ich halten im Tod noch
mit erkaltender Hand".
/Als Ovid (43 v. Chr. – 18 n. Chr.) Tibulls Tod beklagte, hatte er noch seine Karriere
als mondäner Großstadtpoet vor sich. Der „Knick" kam im Jahre 8 n. Chr., als Kaiser
Augustus ihn fernab der Metropole in ein Provinznest am Schwarzen Meer
verbannte. Hier starb der Dichter, nachdem er zehn Jahre lang vergeblich auf
Begnadigung gehofft hatte – Märtyrer einer vielleicht für jene Zeit zu freizügigen
Poesie. Noch war die Kunst weit davon entfernt, alles zu dürfen und alles zu wagen.

Wenn

Wenn ich mit wehndem Haar,
wenn ich mit wehndem Haar,
wenn ich mit wehndem,
wenn ich mit ...

Wenn ich mit wehndem,
wenn ich mit wehndem,
wenn ich mit,
wenn ich ...

Wenn ich mit Weh,
wenn ich mit Weh,
wenn ich,
wenn..

Wenn schon.

Ja, wenn das Wörtchen wenn nicht wär. Wer diese Zeilen für Blödsinn hält, hat
absolut Recht. Aber das mit dem Haar ist schon ein Trauma. Ich meine mit dem, das
man nicht hat. Schicksal, nun gut. Aber früher, ich weiß noch ... Haarspalterei!

Der Traum von Beatrices Tod

O wie viel musste ich an Schrecklichem erblicken,
    als mich ergriffen diese Fieberfantasien!
Sie schienen mich nach irgendwohin zu entrücken,
    wo wirren Haars ich Fraun sah auf der Straße ziehn.

Und weinend oder jammernd ihren Weg die nahmen,
    da Schmerz aus ihnen brach wie feuriges Geschoss –
und dann verblich die Sonne, und die Sterne kamen,
    und Stern und Sonne, beides, Tränen nun vergoss.

Die Erde bebte, Vögel stürzten aus der Höhe,
    und jemand kam, der war ganz totenbleich, daher.
Der fragte heiser: „Weißt du nicht von diesem Wehe?
    Ach, deine Herrin, die so schön, sie ist nicht mehr."

Die Augen hab, von Tränen feucht, ich aufgeschlagen,
    und sah, als ob es Manna, wär, das niederfuhr,
die Engel ihre Wölkchen heim zum Himmel tragen,
    Hosianna singend, Hosianna immer nur.

„Ich zeig es dir", Gott Amor sich da an mich wandte,
    und: „Komm und sieh, wie unsre Herrin schläft so sacht."
Und dieses Truges Bilder, die der Traum mir sandte,
    sie haben mir die Tote zu Gesicht gebracht.

Kaum aber, dass ich diese nur gesehen eben –,
    da deckten Fraun sie schon mit einem Schleier zu,
indes sie lag, so voller Demut, so ergeben,
    als wollt sie sagen: „Nie war ich in größrer Ruh."

Beatrice: Beatrice Portinari, Dantes früh verstorbene, vergeblich Ersehnte, die ihn,
ewig unvergessen, zu einer der schönsten europäischen Dichtungen inspirierte: der
„Göttlichen Komödie" (1311/21) – politische Abrechnung, christliche Jenseitsvision
und unsterbliches Denkmal seiner unerfüllten Liebe.

Lass mich

Lass mich noch bitte diese letzten Zeilen schreiben,
bevor die Nacht mir ihren gnäd'gen Schlummer schickt,
lass mich ein wenig noch an diesem Tische bleiben,
von Worten, fließenden, von Wein erquickt.

Lass mich für Augenblicke noch die Lampe sehen,
die meinen Reimen selbstlos ihren Glanz verleiht,
und lass ihn sachter sich, den dürren Zeiger drehen,
den unverbesserlichen Dieb der Zeit.

Lass mich ein Weilchen noch in diesen Abend lauschen,
dem dumpfen Angelus der Räder auf Asphalt,
Motoren, die im raschen Wind der Fahrt verrauschen,
der Stimme, die am Häusereck verhallt.

...

Lass mich in diesem dunklen Dunkel noch verharren,
bevor mich Träume in ihr lichtes Rätsel ziehn,
lass mich nach Körnchen noch verborgner Weisheit scharren,
dass sie noch einer, einer Strophe dien.

Lass über Gott und Welt mich etwas noch sinnieren,
dass ich dem flieh'nden Tag ein Abschiedswort entreiß,
mir meinen Eifer, unermüdlich, zu quittieren –
der selbst ich um des Abschieds Schwere weiß.

Wie ein Zecher, der kein Ende findet, so fällt es mir schwer, mich von den Zeilen
loszureißen und einzugestehen: Nun ist auch dieser Tag dahin, unwiederbringlich,
und sinkt in den grauen Ozean der Vergangenheit, aus der wie einsame Inseln nur die
Bruchstücke ganz besonderer, unvergesslicher Ereignisse ragen. Und vorn, dem
Blick zugewandt, ebenso grau die Zukunft, aber glatt, noch ohne ragende
Markierung, ein stummer Fluss, der schnell dahinströmt, rasch zum Horizont hin sich
verringernd, und irgendwo im Unbekannten versiegt. „Alles fließt", wie Heraklit
sagte, und das Schlimmste: Dieser Körper, der unseren Gedanken Halt und Dauer
gibt, fließt mit, verströmt sich mit den Jahren, verliert allmählich seine brausende
Kraft, seinen stetigen Schwung, um alt, matt und träge eines Tages plötzlich im
Nichts zu verschwinden. Aber so oder so: Nichts hält den neuen Tag auf, der den
Fluss nach vorn wieder ein bisschen dünner macht, er kommt und er geht, versinkt
wie alle Tage vor ihm im saugenden Grau des Vergessens, und einmal wird so ein
Tag auch diese Augenblicke krampfhaften Weiterbrütens und uneingestandener
Verzweiflung in seinen dunklen Armen ersticken. Und es wird unser Glück sein,
dass wir ihn, der lautlos kommt und ohne Gesicht, nicht erkennen.

Wie soll das Auge

Wie soll das Augen diesen bunten Wust entwirren,
wo findet sich ein Halt in diesem Farbenspiel,
wo eine Linie in dem allgemeinen Flirren,
dass festgefügte Form sie und Kontur erziel?

Hier quillt es grün in unterschiedlich satten Tönen,
da glimmt und glüht es gelb im wuchernden Geäst;
hier schimmert's weiß, ein junges Bäumchen zu bekrönen,
ein Tupfer Rosa dort sich schüchtern blicken lässt.

Dem Himmel selbst beschlug's die makellose Bläue
mit Cirrus-Flaum, der fiebrig-faserig zerfließt,
wie Säure ätzend sich in die azurne Treue,
wie Eis, das sich in Fluten von Kristall ergießt.

...

Was soll ich noch vom Wege, der hier mündet, sagen?
Dass er dem Fuß nur trügerischen Grund gewährt?
Dass Schattenfetzen ihm am müden Mergel nagen
und Sonnenglut an seinen körn'gen Nerven zehrt?

So wird er immer wieder aus der Erde brechen,
Gevatter Frühling, den's im Finstern nicht mehr hält,
um Brand zu legen an die wintergrauen Flächen,
der mit Millionen Blüten uns das Herz erhellt.

Zum Bild „Weg in Veneux-Nadon im Frühling", 1885, von Alfred Sisley. Sisley –
ein Malerschicksal wie das van Goghs, nur stiller, unauffälliger. Fleißig, beharrlich,
unbeirrbar diente er seiner Kunst und wurde bis zuletzt verkannt und verspottet. „Er
lebte weiter", schreibt ein Biograph, „am Rande der Ärmlichkeit, muß von Zeit zu
Zeit kleine Summen borgen, um Schwierigkeiten zu überbrücken, die Miete zu
zahlen oder einen Umzug zu finanzieren". Noch 1897 nimmt die Presse kaum Notiz
von seinen Werken, von denen er 146 in einer Einzelausstellung in Paris präsentiert,
finden sich keine Käufer. 1899 stirbt er, noch keine 60 Jahre alt, krank, verbittert,
enttäuscht. Ein Jahr später erwirbt ein Sammler zum ersten Mal eines seiner Bilder
für einen namhaften Betrag: Graf Isaac de Comondo kauft für 43 000 Francs die
„Überschwemmung bei Port-Marly",1876 gemalt. Heute hängen die Bilder von
Alfred Sisley in den ersten Museen von New York, Boston, Chicago, Moskau,
Tokio, London, Kopenhagen, Rotterdam, Montreal und Hamburg und gehören zur
Top-Liste der „Unbezahlbaren" (bezahlt mit einem ganzen Leben künstlerischer
Kämpfe und materieller Nöte). „Der Prophet gilt nichts in seiner Vaterstadt", hat
Jesus geklagt. „Und zu seinen Lebzeiten", möchte man hinzufügen.

Der Alternde

Die Füße wollen ihren Dienst mir nun versagen,
ihr Mädchen, die so süß ihr singt und weckt Begehr -
ach, könnt ich mich doch wie Alkyones Vogel tragen,
der heil'ge, der so blau und dunkel wie das Meer!

Der weit erhoben übern schaumbekränzten Wogen
und der gewaltig sich da wälzenden, der See,
auf seines Weibchens Schwingen immer gern geflogen
ganz ohne Furcht im Herzen schwindelnd in der Höh!

Von Alkman, der um 600 v. Chr. lebte, dem Begründer der griechischen Chorlyrik.
Dass er persönlich, humorvoll, ja selbstironisch zu dichten wusste, wird auch hier
deutlich: Da er nun alt und schwach geworden ist, beschwört es das Bild des
Eisvogels, dem es mit kräftiger Unterstützung des Weibchens immer noch gelingt,
sich zum Höhenflug zu erheben. Alkyone (oder Halkyone) war nach antiker
Überlieferung die Tochter des Königs Aiolos von Thessalien und mit König Keyx
von Trachis vermählt. Die beiden fühlten sich miteinander so glücklich, dass sie sich
mit den Göttern verglichen und sich „Zeus" und „Hera" nannten. Dies missfiel dem
Göttervater (der alles andere als ein Göttergatte war) , der sie zur Strafe in Vögel
verwandelte, Alkyone in einen Eisvogel, Keyx in einen Taucher. Nach einer anderen
Version ertrank Keyx, und Zeus erbarmte sich der trauernden Alkyone und
verwandelte sie und den geliebten Toten in eben diese Vögel. Er soll sogar dafür
gesorgt haben, dass während der winterlichen Brutzeit die stürmischen Winde
ruhten, damit die Eier nicht von den Wellen ins Meer gespült würden – daher der
Ausdruck halkyonische Tage für solche besonderer Stille und friedlichen Glücks.

Resignation

Das letzte Ziel, mein Sohn, wir haben's nicht in Händen,
beim hohen Zeus liegt's, der's nach seinem Willen lenkt.
Was wissen wir, wie es dereinst mit uns wird enden –
vergänglich, wie wir sind, und so von Geist beschränkt!

Indessen nährt die Hoffnung uns mit süßem Truge,
auch wenn es nichtig, was wir wolln, und ohne Wert.
Der eine wünscht den nächsten Tag sich wie im Fluge,
der andre gar, dass künft'ger Sommer Frucht ihn nährt.

Zu Neujahr wird es nicht ein einziger versäumen,
dass für sich selber er auf Glück und Segen schwört:
Doch jenen rafft das Alter hin vor seinen Träumen,
da diesen eine Krankheit nach und nach verzehrt.

Die sind, vom wilden Ares zahm gemacht, gezogen
ins schwarze Hades-Haus tief in der Erde drin,
und jene nahm das Meer mit dunklen Sturmeswogen –
mit ihrem Leben sank auch ihre Hoffnung hin.

Der greift des Schicksals wegen, dem kein Glück beschieden,
zum Strick am Ende, dass aufs Leben er verzicht,
und raubt auf solche Weise selber sich hienieden
der Sonne hoch am Himmel wunderbares Licht.

Ein Heer von Schmerzen, unabwendbar, und von Leiden,
steht ständig rings der Tod den Sterblichen bereit.
O möge keiner sich an seinem Unglück weiden,
dass Gram die Seele ihm zerfrisst und Bitterkeit!

Wer Semonides aus Samos, der um 600 v. Chr. lebte und auf Amorgos ansässig
wurde, nur elegischen Weltschmerz nachsagt, verkennt die Kraft dieses trotzigen
Finales. Aus diesem „Pessimismus" spricht unbeugsamer Lebensmut, die Lust am
unergründlichen Mysterium des Daseins, wie es sich im Bild der wunderbaren Sonne
verdichtet. Aus demselben Geist erwuchs der griechischen Philosophie dreihundert
Jahre später das doppelte Ja zum Leben – als heroisches Standhalten, wie es die Stoa
lehrte, oder als maßvoll-heiterer Genuss im Sinne Epikurs.

Die Alternde

Nun ist die Haut mir schlaff geworden mit den Jahren,
am ganzen Leibe mir mit Falten übersät,
und aus den schimmernden, den bläulich-schwarzen Haaren
sind Strähnen nun geworden, weiß wie hingeweht.

So schwach sind meine Knie schon, dass sie sich biegen,
und meine Hände könnten gar nicht schlapper sein!
Kann mit den Mädchen mich im Tanze nicht mehr wiegen,
wie Rehe so geschmeidig abends dort im Hain.

Allein, wie könnte ich mich denn davor bewahren?
Dem Sterblichen ja ew'ge Jugend nicht gebührt.
Selbst Eos musste es, so singen sie, erfahren,
die heimlich einst den jungen Tithonos entführt.

...

Auch dieser konnte sich des Alters nicht erwehren,
und als er dann nicht mehr imstande in der Nacht,
die Gattin, diese zarte, liebend zu begehren,
da glaubte er sich, ach, um jedes Glück gebracht.

Zu Zeus er flehte, dass den Tod er ihm gewähre –
mich aber reizt die Anmut noch, die bunte Welt.
Stets hat es mich umstrahlt, dies Herrliche und Hehre,
weil über alles ja die Sonne mir gefällt!

Sollte sich Sappho, um 600 v. Chr. auf Lesbos heimisch, aus unerwiderter Liebe zu einem Jüngling vom Leukadischen Felsen gestürzt haben, wie es die Legende will? Wie dann dies „Mich aber reizt die Anmut noch, die bunte Welt...“? Oder wollte man ihr, die ihre Gefährtinnen zärtlich besingend zum Urbild lesbischer Neigung wurde, nur die Ehre retten, indem man ihr eine „richtige“ Liebe unterschob? Immerhin war sie nicht irgendwer, sondern die „zehnte Muse“, wie kein geringerer als Platon sie nannte. Hier ihr Gedicht „Der Tod“ in der Übersetzung von M. Treu (1958), das ich Gerhard Wirth (Hrsg.); Griechische Lyrik, Reinbek 1963, entnommen habe:

Wenn du stirbst, ist es aus.
Späterhin fragt
Keine Erinnerung,
Keine Sehnsucht nach dir,
Weil du ja nie
An den pierischen
Rosen Anteil gehabt.
Unscheinbar gehst
Du in des Hades Haus
Zu den Schatten hinab,
Kraftlos wie sie
Fliegst du hinweg, ein Nichts.

Das Grab Anakreons

O Rebe, die du weißt, mit Zauber uns zu binden,
der Beeren Mutter, Wein uns spendend Traub um Traub,
und die du zarte Ranken zeugst, die fest sich winden -
ums Grab Anakreons, ach, schling dein grünes Laub!

Lass deine Blätter auch den Stein noch übersteigen,
dass er, der stets dem Becher zugetan und Krug,
der schwankend manches Mal wohl angeführt den Reigen,
von Liebe trunken nächtlich oft die Lyra schlug

Hoch überm Götterhaupt, von Erde eingeschlossen,
muss nicht der Trauben tauig feuchte Füll' entbehrn –
doch süßer noch sind ihm, dem teischen Greis, geflossen
die Lieder von den Lippen, lieblich anzuhörn.

Simonides, der Dichter dieser Verse, lebte um 500 v. Chr., als fahrender Sänger von
Stadt zu Stadt, von Burg zu Burg eilend, vielseitig in seiner Kunst und so
empfindsam, dass Catull von seinen Elegien als den „Tränen des Simonides" sprach.
Hochbetagt und hochberühmt starb er auf Sizilien, in Syrakus. Der hier Besungene,
Anakreon, sein älterer Zeitgenosse, aus Teos in Ionien gebürtig (deshalb der „teische
Greis"), war wie er von Hof zu Hof gezogen und hatte Gedichte für die festlichen
Anlässe geschrieben, die es dort zu feiern gab, und entsprechend kreisten seine
Gedanken mehr um die angenehmen als die betrüblichen Seiten des Lebens. Sein
Name erlebte im frühen 18. Jahrhundert eine neue Blüte, als Dichter, die sich
Anakreontiker nannten, in seiner Nachfolge rokokohaft heitere Wein- und
Liebesliedchen verfassten. Das klang bei Johann Wilhelm Ludwig Gleim (1719 –
1803) zum Beispiel so (aus: „An Leukon"):

> Rosen pflücke, Rosen blühn,
> Morgen ist nicht heut!
> Keine Stunde laß entfliehn –
> Flüchtig ist die Zeit!

Wenn ich dahin bin

Wenn ich dahin bin, könnt ihr gern drei Kreuze machen –
die Tränen spart euch auf fürn besseren Verlust.
Verjuxt, verpulvert meine hundert Siebensachen
und nehmt aufs eigne Wohl euch fröhlich ein'n zur Brust!

Adonis hat die Welt, Narzissus nicht verloren:
ein Kerlchen, halbwegs kahl, von rundlicher Statur
und sonst'gen Schönheitsfehlern auch nicht ungeschoren –
wie wenig Mühe gab sich hier die Gottnatur!

Und hat auch nichts getan, die Scharte auszuwetzen,
um anderswo die Gaben eifriger zu streun –
durch Klugheit etwa diese Mängel zu ersetzen,
ach, oder Stärke diesem plumpen Schöps zu leihn.

Auch so ein Titelchen will ja nicht viel besagen –
da braucht's nur Sitzfleisch für den Aufstieg zum Parnass,
wie viel Semester hab ich mich nicht rumgeschlagen,
dass ich cum laude Weisheit mir beschein'gen lass!

Doch der Charakter! Pah, da war nicht viel zu holen:
nur Mittelmaß, wie sich's fürn Biedermann gehört.
Hab keinen umgebracht, vermöbelt und bestohlen –
doch auch nicht schreiend gegen Unrecht aufbegehrt.

„Und die Gedichte?", gibt vielleicht wer zu bedenken.
Was, diese Reimchen? Nee, die reißen mich nicht raus.
Am besten solltet ihr sie alle mitversenken,
geschwätzge Zeugen meines eitlen Grau-in-Graus.

...

Wenn ich dahin bin, solltet ihr drei Kreuze machen –
doch davon möcht ich noch ein bisschen profitiern:
Das letzte ist bekanntlich ja das beste Lachen,
den Wettstreit dürfte ich als Leiche nicht verliern.

Drei Kreuze pflanzt mir in die aufgeworfne Erde
als meiner Schwächen - Seele, Leib und Geist - Symbol,
dass dank der Häufung folgere die Menschenherde:
Da ruht ein Großer, tausendfach Beweinter wohl!

Viele Künstler arbeiten unfreiwillig an ihrem Nachruhm und manche nicht einmal
daran. Eine ebenso späte wie originelle Rache für seine enttäuschten Ambitionen auf
die Académie française soll der 1773 verstorbene französische Dichter Alexis Piron
genommen haben, als er auf seinen Grabstein meißeln ließ:
„Ci gît Piron, qui ne fut rien,
Pas même Académicien".

(„Hier ruht Piron, der nichts war, nicht einmal Akademiemitglied".)

Die Akademie hat's überlebt.

Der stille Zecher

Reich den Pokal mir, Junge, gib mir was zu trinken!
Doch mische Wein und Wasser diesmal fünf zu zehn.
So weit will ich in meinem Rausche nicht versinken,
dass ich von derben, dreisten Sprüchen nur noch tön.

Wir wollen anders heute als die Skythen pflegen
mit ihr'm barbarischen Gegröle und Geschrei
zum Umtrunk uns, zum Weine auf die Liege legen:
Nur still genießen, ja, und singen schön dabei!

So sang Anakreon, der uns ja schon begegnet ist. Nach der Überlieferung starb der
Dichter übrigens eines Todes, der seiner Neigung zum Rebensaft gerecht wurde: Er
soll sich im gesegneten Alter von 85 Jahren an einer Weinbeere verschluckt haben
und daran erstickt sein. Immerhin wird ihm so unterstellt, dass er die Trauben nicht
nur flüssig zu schätzen wusste.

Der Greis

Die Schläfen grau, die Zähne schwächlich mit den Jahren,
das Haupt von seinen Haaren immer mehr geleert –
wie schnell uns doch entschwindet, was wir früher waren,
wie kurz des Lebens süße Freude nur noch währt!

Oft denk des Todes ich mit Seufzen und mit Bangen
und stelle grausig mir des Hades Tiefen vor
und auch den Weg, auf dem wir zu dem Ort gelangen,
von dem man nie und nimmer wieder kehrt empor.

Der heitere Anakreon, er hatte auch seine düsteren Stunden. Dann sah er den Tod:
ein freudloses Dasein unter blutleeren Schatten. Die tröstlichere Alternative der
Seelenwanderung, wie Pythagoras und Platon sie ungefähr gleichzeitig lehrten,
haben bei ihm die traditionelle Vorstellung noch nicht ersetzt – die von der
schaurigen Unterwelt und dem beklemmenden Weg dorthin über die Flüsse Lethe,
Styx und Acheron mit dem unheimlichen Fährmann Charon, vorbei am vielköpfigen,
schlangenschwänzigen Höllenhund Kerberos, dessen grausiger Anblick den
Sterblichen versteinert.

Aus Pindars Trauergesängen über Gefallene

Dort strahlt die Sonne ihnen noch in voller Stärke,
da auf der Erde Nacht schon waltet ringsumher,
und weiln auf roter Rosen Flor vorm Mauerwerke,
wo Zedern schatten und wo goldner Früchte schwer ...

Die einen reiten oder üben sich im Ringen,
beim Brettspiel freuen sich die andern ihrer Zeit,
die Leier lassen andre wiederum erklingen –
so schwelgt ein jeder je in seiner Seligkeit.

Und immer Düfte lieblich durch die Lande wehen,
denn Opfer bringen mannigfach im Brand sie dar,
im Feuer, wie es weithin leuchtend zu erspähen
auf manchem Gott geweihten, heiligen Altar ...

Doch wessen Sühne für das Leid, das sie empfangen,
Persephone, die Gnädige, sich nicht entzieht,
des Seele, ehe noch neun Jahre nur vergangen,
schickt sie empor, dass sie die Sonne wieder sieht.

Aus solchen Seelen prächt'ge Könige einst werden,
gewalt'ge Läufer oder Dichter, hochberühmt,
dern Name später irgendwann einmal auf Erden
verehrt wird, wie es heiligen Heroen ziemt.

Wie selig malt Pindar das Weiterleben derer, die in der Schlacht fielen! Ja, für
Krieger hatte der Tod seit eh und je eine Sonderlösung parat – Huris im Paradies,
Jungfrauen in Walhall. Eine Todesvorstellung, wie sie einem Dichter gemäß war, der
aus altem böotischen Adel stammte, Wettkampf und Streit liebte und Hymnen auf
die Sieger der großen gemeingriechischen Spiele verfasste, der olympischen,
isthmischen, pythischen, nemeischen. Und der allen Hellenen bald als Ikone galt: Als
Alexander im Jahre 335 v. Chr. Theben zerstörte, verschonte er nur das Haus, in dem
ein Jahrhundert zuvor Pindar gelebt hatte. Dessen aristokratische Todesverklärung
war aber durchaus nicht die Regel. Wie hatte Leonidas seine 300 Spartiaten 480 v.
Chr. zur Schlacht an den Thermopylen „ermuntert"? „Jetzt Frühstück, Abendessen
im Hades". Das nennt man lakonisch.

Heut Abend

Heut Abend steht er wieder voll im Rampenlicht
und kann in seiner ewig stummen Rolle glänzen.
Nie hat wer je gesehn, dass diese Charge spricht,
doch niemand jemals auch sie ihren Auftritt schwänzen.

Was diesem unscheinbarn Geselln an Äußrem fehlt,
bezieht von Zeit zu Zeit er aus gelieh'nem Strahle –
dann wirft der Mond, der sonst in Sack und Asche geht,
sich mit der Sonne goldenem Gewand in Schale.

Wie feierlich am schwarzen Himmel er stolziert –
als würd er einen ries'gen Bühnenraum durchmessen,
vorm pp. Publikum, das ihn gebannt hofiert,
auf jede seiner kargen Gesten wie versessen!

Man weiß indes, dass einer Laune der Natur
die Requisiten seiner Soiréen entspringen –
und doch hat dieser Kosmische, Komparse nur,
die Kraft, den ganzen Globus um den Schlaf zu bringen!

„Von Zeit zu Zeit seh ich den Alten gern..." (Sie wissen: Goethe, Faust). Mir stiert der alte Trabant abends so häufig auf die Finger, dass es mich immer wieder juckt, ihn mit einem Kommentar zu erfreuen. Also: Mit seinem geborgten Putz streut er den Leuten ganz schön Sand in die Augen – aber das haben ihm im Lauf der Zeit viele abgeguckt, die es nicht weniger scheinheilig treiben. Große Klappe und nichts dahinter – aber erst mal Unruhe stiften! So, das war's. Vielleicht nicht originell, aber auch nicht die übliche romantische Tour. „Füllest wieder Busch und Tal..." (Sie wissen schon: Goethe).

Im Grunde

Im Grunde weiß ich nicht, was ich noch sagen sollte
und hab mich dennoch an den Denkertisch gesetzt.
Beim ersten Reimchen greif ich schon nervös zu „Colte" –
ein Schnellschuss, der unfehlbar hier den Sinn verletzt.

Mit dieser Wunde schreite ich heroisch weiter,
wie ein Soldat, der Mut sich pfeift in Feindesland –
ach, Stümper muss ich bleiben als Poet, Gefreiter,
auf meinem Sockel einmal lesen: „Unbekannt".

Die Flasche her! Ein Schlückchen wirkt bisweilen Wunder,
setzt manchmal ungeahnte Fantasien frei.
Vielleicht läuft meine Hirnmaschine etwas runder
mit Wein geölt und einem Tröpfchen Narretei.

Wie wär's, wenn ich den Vollmond mir beim Wickel nähme,
der eben wieder tückisch durch die Kammern steigt?
Zu oft verwurstet. Langeweile überkäme.
Ganz abgesehn davon, dass er sich grad nicht zeigt.

Schon ruht die Stadt. Warum sie in Gedanken stören?
Ich widme neue Verse ihr ein andermal.
Da lässt die Stille sich ein wenig lauter hören –
ach, Autos, Autos – mir als Thema zu banal!

Soll ich den Saft vielleicht, den Klappertrunk besingen,
der Küche friedlich-wohlgefüllte Klausnerei?
Das hieße nicht, die Dinge auf den Punkt zu bringen,
wär nicht das Gelbe von des Genuesen Ei.

...

Ich möchte auf die Schnelle hier was runterbeten
und Sinn doch legen in die Worte und Gewicht,
dass (eitle Hoffnung!) einmal meinen Interpreten
aus jedem A und O schon ein Mirakel spricht.

Allein je länger ich und angestrengter brüte,
ach, desto ferner scheint mir dieses schöne Ziel;
kein Verslein will sich mir entringen erster Güte,
kein einz'ges Sätzchen von gehobnem Sinn und Stil.

Auch kann man heute keinem mit den Sternen kommen,
mit „Lichtlein" und dass „Gott der Herr sie all gezählt",
der Hawking ist das heil'ge Buch des Kosmos-Frommen,
das Schwarze Loch dem aufgeklärten Geist vermählt.

Ganz nebenbei: Der Claudius mit seinem Liede,
in dem er artig uns vom Mond Bescheid erteilt,
war durch und durch poetischer Ephemeride,
hat sich mit einem Coup nur zum Olymp gesteilt.

Nun ja, was hilft mir das? Ich muss zur Krücke greifen –
vielleicht stützt mir ein Vorbild meine Fantasie:
Es gilt auf Eignes wieder fürn Moment zu pfeifen:
Komm, nähre du mich, alter Schinken vis-à-vis!

...

Wie sollte sich das Auge da nicht delektieren,
wie sich der Gaumen künft'ger Lüste nicht erfreun?
Geschmack bewies sie sichtlich schon beim Arrangieren,
die Künstlerin, statt wahllos ihr Sujet zu streun.

Im Mittelpunkt: Von Feigen, Mandeln schwer die Schale,
die perlig schimmernd ihre frucht'ge Fracht umschließt,
beschirmt vom glänzenden, gediegenen Pokale,
auf dem wohl ein Achill vor Kampfeslust zerfließt.

Gebäck daneben, Brezeln auf metall'schem Teller,
in Zinn verdoppelt die zerbrechliche Natur,
zu rost'gem Braun gegart die einen, andre heller,
die großen Kringel Kopf an Kopf mit Petits fours.

Ein dunkler Krug, mit Deckel wohl versehn und Tülle,
glänzt einem Harnisch gleich, von Knappen frisch poliert,
das Fenster spiegelnd mit der ganzen Lichterfülle,
die wie ein Wappen ihm die bauch'ge Mitte ziert.

Und schon zum Vivat angefüllt mit roter Rebe,
ein hoher Kelch, den makellos ein Meister blies,
gewärtig, dass man ihn vom festen Grunde hebe
und seine Tropfenflut, die funkelnde, genieß.

...

Was für ein Farbenspiel der edelsten Genüsse,
dass, mit Verlaub, das Auge sich den Gaumen leckt,
den Zähnen in Erwartung ihrer zehrn'den Küsse
der bloße Schmelz nach Zimt und Schokolade schmeckt.

Wärn da die Blumen nicht in kränklich-krem'ger Vase,
dern Blütenhaupt allmählich schon zu Boden sinkt:
„Was Auge", scheinen sie zu sagen, „Zunge, Nase,
wenn dieser schwarze Grund doch alles bald verschlingt!"

Dies zum Stilleben „Tisch mit Blumenvase, Kanne und getrockneten Früchten", um
1619 von Clara Peeters gemalt, die hauptsächlich in Amsterdam und Haarlem tätig
war. Das im 16. Jahrhundert entstandene Genre „Stilleben" erlebte zu ihrer Zeit in
den Niederlanden gerade seine höchste Blüte – Ausdruck einer kraftvollen
bürgerlichen Kultur, die es liebte, Reichtum, Geschmack und feine Lebensart
selbstbewusst ins Bild setzen zu lassen. Und die entsprechend der düsteren
Grundstimmung barocker Religiosität doch nicht vergaß, die vertrauten Symbole der
Vergänglichkeit in die Sinnenfreude des Alltags zu streuen. Pflichtschuldigst, muss
man wohl hinzufügen. Denn angesichts des gestrengen Auges der kirchlichen
Obrigkeit galt es Luxus und Schwelgerei mit ein paar Flicken des herrschenden
Credos zu bemänteln. Der Katholik konnte seine Missetaten beichten, der Protestant
träufelte sich protzend und schmausend Asche aufs Haupt.

Geschafft! Doch ist die Galgenfrist damit verstrichen,
jetzt steh ich wieder ohne Stab und Stecken da,
der Leere ausgeliefert, dieser widerlichen,
dem weichen Abgrund völl'gen Hirnversagens nah.

Die Heizung brummt. Am Fenster platzen Regentropfen.
Mit Eulenaugen geistern Autos durch die Nacht.
Tatütata und Blaulicht. Grund, auf Holz zu klopfen:
Mensch, alles Gute. Nur man jetzt nicht schlapp gemacht!

Wie gern würd ich dem Tag ein Schnippchen schlagen,
dem chronischen Pedanten eine Nase drehn,
nicht nach dem Zeiger, nicht nach diesen Ziffern fragen,
die scheinbar nur so fest auf ihrem Blatte stehn!

Nicht auf die Uhr, den kreidebäuch'gen Reißwolf schauen,
der unersättlich das Gespinst der Zeit zerfetzt,
um es so gründlich, so vollkommen zu verdauen,
dass nicht ein Fitzelchen mehr bleibt zu guter Letzt!

Natürlich ist die alte Frage längst entschieden:
Die Welt geht weiter, selbst wenn sie kein Aug erblickt -
doch der Poet, er braucht für seinen Seelenfrieden
'ne Handvoll Träume, die dem Alltag ihn entrückt.

Mein Stückchen Stadt, es atmet nun in tiefen Zügen,
der Schlaf hat Mauerwerk und Pflaster übermannt,
kein Reifen eilt mehr, ihren Asphalt zu durchpflügen –
es lastet Stille auf dem steingewordnen Land.

...

Der Bürger hat sich in sein Schneckenhaus verkrochen
und hält sein Innerstes von allen Blicken fern
und lebte, wärn nicht Fenster durch die Wand gebrochen,
so dunkel und geheim wie auf 'nem fremden Stern.

Nie ist der Zeitgenossen Wandel mehr Fassade,
als wenn die Nacht der Häuser bunten Putz verhüllt
und nur ein Schatten noch, ein vager Schimmer grade
mit Rätseln mehr die Neugier als mit Wissen stillt.

Der Lyrik Stunde und der Kriminalromane!
Die ans Mysterium rühren je auf ihre Art –
die eine schauernd nur in heil'gem Schöpferwahne,
die andern nüchtern in bewusster Gegenwart.

Ich will bei meinen Schauern vorderhand noch bleiben,
obwohl die Zunge, sie zu singen, mir oft schwer
und es mir gut tät, mich als Dichter zu entleiben,
weil ich, wer weiß, als Cop von größrem Nutzen wär.

Vielleicht lässt sich das irgendwie auch kombinieren –
warum prosaisch nur dem Täter nachgespürt?
Soll endlich einmal doch in Versform auch passieren,
was zu des Lebens schaur'gen Schattenseiten führt!

In schwarzer Nacht, es war kein einz'ger Stern zu sehen,
der Mond versteckte irgendwo sein trautes Licht,
da fand ein Hund ihn, Rüde, beim Spazierengehen,
den Mann am Wege. Mausetot. Auf dem Gesicht.

Und schon beginnt das Räderwerk des Rechts zu rollen,
eilt – Trenchcoat, Pfeife, Hut – der Kommissar vor Ort:
„Ich weiß nicht, meine Herrn", erstaunt er, „was Sie wollen?
So wie die Sache liegt, ist dies ein Fall von Mord.

...

Sie sichern, Watson, bis ins Kleinste alle Spuren
und, Holmes, Sie kriegen übers Opfer alles raus.
Na, denn man los. Vergleichen wir die Uhren:
Halb vier, Okay. Ich geh und schlaf mich erst mal aus."

Doch selbst im Traum konnt er sich nicht des Falls erwehren –
von hinten schleicht sich wer bewaffnet an sein Ziel
(wie anders wär der Tatbestand denn zu erklären,
dass der Gefundne naselang aufs Pflaster fiel?)

Da geht die Hand hoch, sticht. Ein Schatten fällt zusammen.
Ein Suchen, Raffen. Jemand macht sich aus dem Staub.
Danach verblassten sie, die Bilder, und verschwammen
doch haften blieb dem braven Schnarcher – es war Raub!

Beim Morgentee beginnt er gleich zu kombinieren,
was stückhaft zugeraunt ihm die Bewusstseinsnacht,
lässt die Verbrecher steckbriefweis Revue passieren
und hat schon – der! Nein, der! – bald einen Tatverdacht.

Der Rest ist für den alten Hasen nur Routine –
Adresse, Hausbesuch, Verhör: Man widerspricht.
Dann Widersprüche. Dann Geständnis. Leidensmiene.
Ein Alibi zur Tatzeit hat der Schurke nicht.

In Schellen legt man gleich die frevelhaften Hände
und zerrt den Täter fort zu lebenslanger Haft.
Für unsern Fahnder ist damit die Jagd zu Ende.
Er greift zur Pfeife. Stopft sie, macht sie an. Und pafft.

...

Der Kommissar

Wer geht mit heißer Pfeife
und kalten Blutes Streife
trotz Regen und Gefahr?
Na wer? Der Kommissar.

Wer hütet die Gesetze,
dass niemand sie verletze,
trotz Regen und Gefahr?
Na wer? Der Kommissar.

Wer setzt sich auf die
   Spuren
der übelsten Naturen
trotz Regen und Gefahr?
Na wer? Der Kommissar.

Wer kann des Nachts nicht
   schlafen
bei ungezählten Schafen
trotz Regen und Gefahr?
Na wer? Der Kommissar.

Wer knobelt unverdrossen
wer wen wo wann erschossen
trotz Regen und Gefahr?
Na wer? Der Kommissar.

Wer ist sofort zur Stelle
im Falle aller Fälle
trotz Regen und Gefahr?
Na wer? Der Kommissar.

Wer kommt auf leisen Sohlen
den Täter abzuholen
trotz Regen und Gefahr?
Na wer? Der Kommissar.

Wer trägt bis zum Infarkte
die eigne Haut zu Markte
trotz Regen und Gefahr?
Na wer? Der Kommissar.

Wer tilgt aus unsren Landen
die Buben und die Banden
trotz Regen und Gefahr?
Na wer? Der Kommissar.

Wer macht, dass ohne Sorgen
wir schlummern in den Morgen
trotz Regen und Gefahr?
Na wer? Der Kommissar.

Ein Hoch lasst uns entbieten
dem Schrecken der Banditen
für jetzt und immerdar –
Hut ab, Herr Kommissar!

Mal wieder kurz geschafft, vom Thema abzuschweifen,
und Zeit geschunden, wie's im schönen Ballsport heißt.
Jetzt gilt's, des Polizisten Pose abzustreifen,
die sich vielleicht mit der des Philosophen beißt.

Da seh ich, weiß und weit, das Blatt nun wieder liegen,
des Stiftes harrend, der es schmerzhaft überfährt,
wie eines Weibes Körper, Kinderchen zu kriegen,
den rüden Ansturm nicht des künft'gen Vaters wehrt.

Nein, wie ein Schneefeld, dessen makellose Decke
allmählich ungezählte Fährten überziehn,
nur dass das Wild hierbei zu irgendeinem Zwecke
die Spur genau in Reih und Glied zu halten schien.

O was auch immer man in ungelenken Zügen
als tief gefühlt, gedacht der Fläche anvertraut,
es muss der Weisheit des Papiers doch unterliegen,
aus dessen Leib der Leere ganze Fülle schaut.

(Dies muss ich allerdings in Parenthese setzen –
nur dem Buddhisten spiegelt sich im Nichts das All -,
doch da auch Spießer heute Exotismen schätzen,
scheint mir verzeihlich dieser krasse Beispielfall.)

Und doch werd ich von einer starken Kraft getrieben,
mit Tintenschnörkeln Büttenbürt'ges zu entweihn –
wohl weil wir Menschen das Vollkommene nicht lieben,
geboren, selber weder Fisch noch Fleisch zu sein.

...

Ach, überhaupt: Man soll zu seinen Lastern stehen,
dann weiß doch jeder gleich, woran er mit dir ist.
Wie schrecklich, sich wie'n Aal zu winden und zu drehen,
wie hinterhältig, wenn ein Schurke Kreide frisst!

Will weiter mit der Klaue meinen Kratzfuß machen
hier übers glänzende papierene Parkett
und stell mich dafür willig auch dem großen Lachen:
„Dass doch der Esel nicht das Eis betreten hätt!"

Nun, der Vergleich scheint mir nicht einmal schlecht getroffen,
doch was ihr Esel schimpft, das nenn ich Pegasus!
Ihr seht, ich bin für krit'sche Worte wirklich offen –
sofern ich mir den Schuh nicht grade anziehn muss.

Poeten, heißt es, seien immer so sensibel.
Ich meine, eher ist das Gegenteil der Fall.
Sie stoßen ja mit ihrem lyrischen Gegrübel
auf taube Ohren, ach, so gut wie überall.

Wenn ihnen nicht sogar noch Schlimmres von Banausen,
die sich als Kunstverständ'ge geben, widerfährt
und ihre heiligsten Ideen man für Flausen,
ihr schönstes Bild für unter aller Sau erklärt.

Wer diesen Echos, die ihm da entgegenklingen
von unberührten Hängen, wild, aus Holz und Stein,
nicht müde wird, sein helles Mutterlied zu singen –
der kann im Leben nicht so zart besaitet sein.

...

Hier oben steh ich, auf der Brücke hoher Schwelle,
und schau in aller Seelenruh auf euch hinab:
Wie einige sich rudernd mühen von der Stelle
und ein'ge klauben Muscheln von den Pontons ab.

Und ein'ge steuern, ihre Kähne fortzubringen,
und ein'ge tun bei 'n Ladetauen ihre Pflicht,
und einige sind Vögel auf poet'schen Schwingen,
und einige sind Fische, glitzernd hell im Licht.

Und ein'ge Dampfer oder Tonnen für die Trassen,
und einige sind Wolken in den Lüften frei,
und ein'ge rauschen durch die Pfeiler als Barkassen
mit einem Schornstein, der so aussieht wie entzwei.

Und ein'ge, die sind Pfeifen, lassen Töne hören,
und einige sind Rauch und qualmen wie ein Schlot:
Doch alle, wie ihr da seid, alle, könnt ich schwören,
seid ihr in Sorge nur um euer täglich Brot.

Ist einer unter euch denn so wie ich - gelassen?
Im Übrigen: Vielleicht, dass ich 'nen Vers verlier
einst über euch und krieg ein bisschen Geld zu fassen
und futtre mich dann richtig satt – genau wie ihr.

„Galaterbrücke" von Orhan Veli Kanık, den wir schon als Dichter von „Ich höre
Istanbul" kennen gelernt haben. Dort als verträumten Liebhaber der Gro0stadt, hier
als bummelnden Bohémien – beide Male aber seine Empfindungen mit der ganzen
Wucht gehäufter Bilder und Wendungen in Verse kleidend, die den unablässigen
Rhythmus des Lebens selbst atmen. Unter dem Titel Fremdartig/Garip ist zu seinem
50. Todestag im vergangenen Jahr ein Gedichtband im Dağyeli-Verlag, Frankfurt am
Main, erschienen, übersetzt von dem Lyriker Yüksel Pazarkaya.

Da kam doch meines Starrsinns eigenem Bemühen
die kräft'ge Handschrift eines Größeren zuvor:
In einer Blütenlese fand ich diese blühen
und weihte ihr sogleich mein Kugelschreiber-Rohr.

Doch will ich schon von etwas anderem berichten:
Von einem Wecker, der es wahrlich in sich hat –
der's möglich macht, die Uhrzeit überall zu sichten
und nicht allein auf seinem eignen Zifferblatt.

Der trägt zur Seite, aus dem gleichen Materiale,
so ein Gehäuse mit 'nem Lämpchen oben dran,
das man bequem mit seinem puterroten Strahle
wie einen Hebel rauf und runter kippen kann.

Verdunkeln. Auf die Zimmerwand, die helle, zielen.
Da leuchten plötzlich Ziffern blutig aus der Nacht.
Ach, Neues wollt ich, 'n büschen mit der Technik spielen –
ein Menetekel hat der Spaß mir eingebracht!

Der Zug der Zahlen, digital: Minuten, Stunden,
er glüht gespenstisch wie Belsazars Flammenschrift –
wem kündet sie „Gewogen und zu leicht befunden"?
Wem droht sie mit dem Schwert, mit Feuer und mit Gift?

Ich bin kein Daniel, Mirakel zu erklären,
kein Nostradamus, um Future zu prophezein,
doch diese laser-luminöse Lust in Ehren –
kann nicht grad sie das Tor zur Katastrophe sein?

...

Wird sich der Menschengeist denn nie zufrieden geben?
Wie rastlos hastet von Projekt er zu Projekt!
Kann es nicht sein, dass hinter diesem faust'schen Streben
die ganze Kälte eines Psychopathen steckt?

Was für ein Wechselbad der technischen Finessen,
in das der Markt erfinderisch uns täglich taucht –
doch spiegeln Wünsche diese wider und Int'ressen,
gewährn sie, was zum Leben man auch wirklich braucht?

Bei Licht besehn nur überflüss'ge Spielereien,
die man mit viel Tamtam für Wunder was erklärt,
der werten Kundschaft in die Augen Sand zu streuen,
damit sie umso blinder jene nur begehrt.

Ach, wär's die Dummheit bloß, wie wild zu konsumieren,
die für den Novitätenwahnsinn büßen muss,
dann wäre hier kein Wörtchen drüber zu verlieren,
nicht eine Silbe von Verdammung und Verdruss.

Doch grade das, was allen Lebens Grund und Quelle,
wird einst die Rechnung dafür zahlen: die Natur,
wenn an des Baums, der Blume, an des Baches Stelle
sich endlos dehnt die Mono-Metropol-Kultur.

Die Erde wird zur – eher schlimmen – guten Stube,
die vor Geräten starrt und technischem Chichi.
Das Grünzeug (s. o.): In die Abfallgrube –
das ist so rau, so roh, so ungekünstelt, i!

...

117

Den Wald, den findest du im Bilde festgehalten,
die Wiese auf die gleiche Weise konserviert,
das Pflanzenreich, vernichtet von Humangewalten,
auf Datenträger digital einbalsamiert.

Ein Panzer aus Beton umkrallt die ganze Erde,
erstickt im Keim, was sich zum Licht erheben will.
Ade, ade, du schrecklich schönes Stirb und Werde,
in Eisen und in Steinen liegt das Leben still!

Und mit den Blumen ist die Poesie geschwunden,
und mit den Vögeln ging der Frühling auch dahin,
und aus den Menschen wurden Konsumenten, Kunden,
und von den Träumen blieb als düsterster: Gewinn.

O diese Wesen, die einst fähig zu Gefühlen,
nur noch Klamauk entreißt sie ihrer Apathie,
nur solche Reize schaffen's noch sie aufzuwühlen,
die, grell und grausam, man der Hölle selbst entlieh.

Kein Flammenschwert hat diese Sünder je vertrieben
aus ihres blühenden Planeten Paradies,
aus freien Stücken sind sie nicht darin geblieben,
weil sie die Gier ihr wahres Glück vergessen ließ.

Entschuldigung. Ich muss mal eben Radio hören.
Die Nachrichten. (Nicht Schlager nur zum Zeitvertreib.)
„EU IN NIZZA. KÖLN WILL NAZI-DEMO STÖREN",
sagt diese Damenstimme ohne Unterleib.

...

Sag ich bei mir: Der Mensch wird auch weiß Gott nicht schlauer,
verzapft nur alle Nase lang den gleichen Mist.
Ein Putsch in X, ein Opfer an der Klagemauer –
ich wette meinen Hut, wenn das was Neues ist!

Verbissen stöbert er nun auf verworrnen Wegen
den goldnen Äpfeln seiner falschen Träume nach,
dem Morgen, dem vermeintlich besseren entgegen,
der rosenfingrig ihm sein kaltes Herz bestach.

Als Flaschengeist kann er der Technik sich bedienen,
die willig immer neue Wünsche ihm erfüllt,
der Apparate Heer, Geräte und Maschinen,
das seine Sehnsucht ihm nach Macht und Größe stillt.

Nur allzu gern folgt er des alten Hegel These,
allein der Grips sei dieser Schöpfung höchste Zier,
dass selbst ein Mörder, viehisch und unendlich böse,
sich himmelweit erhebe über jedes Tier.

Ach, sollte sich der Weltgeist wirklich so entfalten,
im Hirn gespiegelt, seinem irdischen Organ,
dann wollte ich, er würd im Dreischritt innehalten,
statt mit Apoll zu rasen lieber ruhn mit Pan.

O lasst nicht diesen kalten Geist regieren
wie ein Tyrann, der jenseits der Gesetze thront
und, möchte er sogar die Welt darum verlieren,
den letzten Grashalm nicht vor seiner Wut verschont!

O opfert nicht der Macht, dem Hochmut und dem Gelde
dies unschätzbare, dieses Kunstwerk der Natur -
der Lilien denkt, der Lilien Christi auf dem Felde,
die so viel schöner doch als Krone und Velours!

...

Ein winz'ger Fleck genügt ihr schon zum Leben,
und nie setzt sie den Fuß von diesem fort.
Hier wurde sie dem Licht der Welt gegeben,
hier ist gewiss einmal ihr Sterbeort.

So unbeweglich kann sie sich nicht wehren,
kann keinem Schmerz und Schrecken sich entziehn.
Es stürmt – wer hat sie jemals klagen hören?
Es friert – wann hätt sie sich ein Kleid geliehn?

O nein, sie lässt sich niemals unterkriegen,
gedeiht wie sonst nur eine Kreatur –
als ob der Kampf auf Brechen und auf Biegen
ihr stärkend in die zarten Glieder fuhr.

Und welche Größe zeigt sie bei den Kleinen,
sie, die allein steht, ewig ungefreit!
Sah man sie jemals Tau und Tränen weinen,
dass rasch in alle Winde sie zerstreut?

Was wissen wir von ihrem stillen Leide?
Wir wollen nur ihr fröhliches Gesicht.
„Lasst Blumen sprechen" heißt's – zu unsrer Freude,
dieweil die Quelle man, die Blüte bricht.

...

120

Da steht mein Campanile und vergisst das Schlagen,
als wär vom Weine intus, honiggelb, er blau –
o diese Flasche, deren Wände gläsern ragen,
wie unerbittlich zwingt sie mich zur Pegelschau!

Nun ist das Nass bis auf den tiefsten Punkt gesunken,
wo's in der Bodenrille kläglich rings verebbt.
Schluss mit „Wohlauf, den Wein, den funkelnden, getrunken" –
'ne Mütze Schlaf wär wohl das bessere Rezept.

Doch ist das Bessere nicht oft der Feind des Guten?
Ein einz'ges Schlückchen noch und einen Vers dazu!
Das dauert doch nicht ewig, nur ein paar Minuten –
na komm, sag ja, du Leserin und Leser, du!

...

Der stille See. Und ringsum grünende Gestade.
Und vom Gebirg dort ahnt man, dass es riesig sei.
Das Schilf, es seufzt. Und Züge keuchen auf dem Rade
und donnern wie im Flug vorbei.

Was zieht, o Herz, zum Wasser dich mit diesem Zwange,
was zieht hinauf dich zu des Himmels blauem Rund?
Des Herbstes Saiten, warum mit gedämpftem Klange
ertönen sie von deinem Grund?

Ach, Ruh und Frieden: Allen Lebens Wunsch und Wille.
Vorbei Begehr. Vorbei des Schicksals Schlacht und Streit.
Nur dieses Grün des Wassers noch und deine Stille,
die zu uns spricht, o Ewigkeit.

Eine lyrische Impression, „Ossiach in Kärnten", gedichtet von Jaroslav Vrchlicky
(1853 – 1912), der als Professor für Literatur in Prag Beruf und Talent miteinander
verbinden konnte. Sein früher Tod hat es ihm, dem Kosmopoliten, der ein
Menschheitsepos schaffen wollte, erspart, diesen Frieden auf größtmögliche Weise
gestört zu sehen – durch den Ersten Weltkrieg, der sich 1914 anschickte, Europa
samt seiner alten Ordnung zu zertrümmern.

Vom letzten Regen kümmern hier und da noch Pfützen
wie blinde Spiegel im verwitterten Asphalt.
Nur manchmal kommen Autos, rauschende, und spritzen.
Dann liegt sie wieder still, die Straße, leer und kalt.

Die lange Flucht der klein geklinkerten Fassaden,
der Kamm der Dächer, der sich irgendwo verliert.
Akazien zittern, ihrer Blätterfracht entladen,
die ganze Stadt steht schweigend vor der Tür und friert.

Erloschne Fenster starrn wie Augen, die gebrochen,
durch die ein Flackern irrt bisweilen – rücklichtrot.
Als Lampen Neonröhren, bleich wie Wüstenknochen.
Die Nacht, der Wind, der Hunger und die Hoffnung – tot.

Doch heißt's so eine stille Nacht nicht heilig halten?
Ein Christbaum leuchtet mir von gegenüber her.
Und drum herum ahn ich der Schwulenbar Gestalten,
als ob's ein Nest von lauter dunklen Engeln wär.

Und Lichterketten seh ich Fensterbänke säumen,
die Stores durchglüht von ihrem geisterhaften Schein,
als würd dahinter sich in unsichtbaren Räumen
ein Hoher Priester seinem Gottesdienste weihn.

Da tönt miteins – Schofar nicht und nicht Sonntagsläuten –
ein langes Hupen aus gequälter Autobrust –
die Botschaft weiß, die schrille, ich mir nicht zu deuten,
doch spür am Lärme ich die blind barbar'sche Lust.

...

Wie soll mit diesen Rohlingen man Weihnacht feiern?
Die werden nicht durch tausend Nazarener schlau.
Da seht sie unterm Christbaum tränenselig leiern,
und morgen hauen sie sich wieder grün und blau.

In diese Köpfe kann man keinen Frieden senken,
an diesen Seelen prallt die Frohe Botschaft ab.
Ach, es ist besser, mir noch einen einzuschenken,
als dass ich noch vor heil'gem Zorne überschnapp!

—

Als ich mich gestern hab dem Schlummer hingegeben,
nachdem ich eine Menge Wasser konsumiert,
erschien mir doch Dionysos, der Gott der Reben,
und hat mich finstren Auges angestiert.

„Ein solcher Schlaf, der passt zu jemand unbestritten,
der alles andere als auf die Zither schwört!
Hast niemals denn davon, was Hippolyt erlitten,
ein Wörtchen, Unberauschter du, gehört?

Nimm dich in Acht vor einem ähnlichen Geschicke!"
So sprach er, um dann eilig wieder fortzugehn.
Seit dieser Stunde aber, diesem Augenblicke,
kann auf den Tod kein Wasser ich mehr sehn.

Antipatros von Sidon, dem wir diese Apologie des Weines verdanken, haben wir als
Dichter bereits kennen gelernt. Was Hippolyt (oder Hippolytos) betrifft: Er war ein
Sohn des Theseus und der Hippolyte und galt als besonders tugendhaft. Als seine
Stiefmutter Phädra ihn verführen wollte, widersetzte er sich und wurde von ihr aus
Rache der versuchten Vergewaltigung bezichtigt (wir kennen dieses Motiv auch aus
der Bibel durch die Geschichte von Joseph und der Frau des Potiphar). Theseus
glaubte ihr und bat Poseidon, den flüchtigen Hippolyt zu bestrafen. Als dieser mit
seinem Gespann am Strand fuhr, gingen die Rosse vor den Wogen durch, die der
Gott des Meeres hatte anschwellen lassen, so dass der Wagen an den Klippen
zerschellte und Hippolyt den Tod fand. Dionysos überträgt hier im Gedicht die
sexuelle Enthaltsamkeit auf die Abstinenz vom Wein: Tugend, wie auch immer, zahlt
sich nicht aus.

Zu kurzem Leben würd mein Herz nur pochen -
so las man aus den Sternen mir mein Los.
Wer weiß, vielleicht ist dies ja wahr gesprochen,
nur, liebe Freunde, kümmert's mich nicht groß.

Wir alle müssen diese Straße wandern
hinunter zu des Hades dunklem Pfuhl –
find ich die meine schneller als die andern,
dann schneller auch des Minos Richterstuhl.

Nur zu! Wir wollen noch ein Schlückchen nehmen!
Ein trefflich Ross ist für die Fahrt der Wein -
denn in das Reich der Schatten und der Schemen
geht man zu Fuß ja in der Regel ein.

Schön gespottet wiederum von Antipatros und – im 2. Jahrhundert vor Christus -
richtig ohne Furcht und Respekt vor den Göttern. Das steht in der Tradition der
großen griechischen Aufklärer Anaxagoras, Xenophanes, Demokrit und wird im
christlichen Abendland wohl erst wieder so frech im 12. Jahrhundert vom Archipoeta
gewagt:

> Mein Begehr und Willen ist:
> In der Kneipe sterben,
> Wo mir Wein die Lippen netzt,
> Bis sie sich entfärben!
> Aller Englein Jubelchor
> Wird dann für mich werben:
> „Laß den wackern Zechkumpan,
> Herr, dein Reich erwerben!"

> *(Übers.: Ludwig Laistner)*

Ach, Orpheus, jetzt verzauberst du nicht mehr die Eichen,
den Fels nicht mehr, den Wald mit freiem Wild und Wurm,
hemmst Hagel nicht mehr, Güsse, die Gewölk entweichen,
die Wogen nicht mehr und den brausenden, den Sturm!

Die Musen weinten, als du Göttlicher verschieden,
und Kummer übers Herz Kalliopes gebot.
Was jammern wir, wenn jemand uns verstirbt hienieden?
Der Himmel selbst schützt seine Söhne nicht vorm Tod!

„Auf Orpheus Tod" von Antipatros, unserem alten Bekannten, der in wechselnder
Stimmung mal weinselig heiter, mal schicksalhaft düster daherkommt und uns
gleichermaßen an Freud und Leid gemahnt, an Lust und Vergänglichkeit, die ja nur
die beiden Seiten ein und desselben Daseins sind.

Du meine Güte! Wo ist nur die Zeit geblieben!
Ich wollte doch, dass e i n e Nacht nicht enden mag!
Da hab ich einfach immer blind drauf losgeschrieben,
und heute plötzlich ist der zweite Weihnachtstag!

So leicht lässt sich die Uhr nun mal nicht überlisten,
in unsren Träumen selbst tickt sie im alten Takt.
Jetzt muss ich mich am Ende doch zum Schlafen rüsten,
dass mich das neue Jahr nicht noch beim Kragen packt!

Vergangen sind sie wie im Fluge mir, die Stunden,
da sinnend ich vergaß wohl alles um mich her.
Heißt auch: Hab keine Langeweile je empfunden –
ist das nicht besser als ein paar Momente mehr?

Jetzt hab ich wieder so ein Machwerk abgeschlossen:
Sonett, Terzine, Knittelvers – ich weiß nicht was,
zig Strophen, schön gereimt und herzblutübergossen
durch meines Geistes ständig sprüh'nden Aderlass.

Doch dieser Bau, gefügt mit Winkelmaß und Ziegel,
scheint zu hermetisch mir, zu sehr aus einem Guss –
denn ist das Lied der Welt und Dichterseele Spiegel,
wo fände es in Wirklichkeit je einen Schluss?

Nein, wie sich Friese um die Tempeldächer schlingen
und Feld für Feld sich der gewalt'ge Mythos schließt,
so muss in Bildern tausendfach vom Sein man singen,
dass unaufhörlich sich der Verse Strom ergießt.

...

Gleicht nicht der schlängelnden Uroboros das Leben,
die wendend sich und windend in den Schwanz verbeißt?
Man meint, die Dinge würden immer vorwärts streben,
die Wahrheit aber ist, dass alles kreist und kreist.

So ein Gedicht hat nur in jenem Sinn Konturen,
wie eine Welle sie in Wasserwüsten zeigt,
die, Maulwurfshügel auf gigant'schen Fluren,
mit ungezählten andern aus der Tiefe steigt.

Wie könnt die Winzige dem Meer das Wasser reichen?
Wie vor der Fülle des Unendlichen bestehn?
Und doch lässt sie in diesen Massen ohnegleichen
den scheuen Lidschlag eines eignen Wesens sehn.

Kein Ende also! Bau'n an Bildern und Gestalten,
ein wenig Schmuck dem Tempel dieser Welt zu leihn.
Gewiss, sie kommt einmal, die Zeit zum Innehalten –
doch wie ein Schlummer, wie ein Schweigen: von allein.

–

Ganz streng, ganz nüchtern. Arabesken fehlen.
Nur Statik, Konstruktion. Nur Sinn und Zweck.
Geh näher ran: Du kannst die Ziegel zählen.
Gerippe. Knochen. Nicht ein Fitzel Speck.

Wer weiß, wozu wohl diese Mauern dienen?
Als Bahnhof, Markt, als Loggia, Galerie?
Wo sind jedoch die Stände, Steige, Schienen?
Man sieht nur was, doch nirgendwo ein Wie.

Gestalten stehn, zu Statuen geronnen
vor sphingschem Rätsel in Gedanken schwer.
Trank man das Leben einst aus jenem Bronnen?
Jetzt dämmert er im Schatten, öd und leer.

Und dann die Uhr. Die Traufe überragend,
als wär's die Sonne selber im Zenit.
Erloschen aber. Schlaffen Arms beklagend
die Zeit und Stunde noch, die nie mehr flieht.

Vor-Bild hier: Giorgio de Chrico, Das Rätsel der Stunde, 1911. Das Bild entstand
noch vor der Geburt der Pittura Metafisica im Jahre 1916, weist aber schon alle ihre
Merkmale auf: die Leere des Raumes, die statuarische Ruhe der Objekte, die harten
Konturen, das Grelle, Beklemmende eines kalten Traums. In de Chiricos Werken ist
die Zeit eingefroren in eine antikisch tote Moderne, ein surrealistisches Panorama
von Ruinen geometrischer Strenge und Verlassenheit. Während Dalís berühmte Uhr
von 1931 „zerrinnt" und damit noch ein Minimum an Bewegung verrät, tragen de
Chiricos Chronometer die Totenmaske einer erstarrten, auf immer entschlafenen
Zeit. Offenbart sich nicht in diesem völligen Stillstand das Mysterium der
unaufhaltsam verstreichenden Stunden noch mächtiger als in den zähflüssigen
Deformationen des exzentrischen Spaniers?

So kalt im stillgelegten Werk - nicht zu beschreiben!
Die leeren Wände und der Wind, der stürmisch weht
und eindringt durch die Fenster, die zerschlagnen Scheiben,
ersticken noch den kleinsten Hauch Aktivität.

Die Uhr zeigt mittlerweile sechs schon in der Frühe.
Dahinten seh ich, wie es überm Bache schneit.
Der Wind, er wirbelt Flocken ohne Mühe,
kaputte Luken klappern in der Halle weit.

Die Möwen schreien ihre Klage wie von Sinnen.
Und ein Gedanke schneidet mir durch Mark und Bein:
Was immer auch die Menschen trachten und beginnen,
am Ende wird es alles doch vergeblich sein.

Kein Gedicht stand hier Pate, sondern eine lyrische Passage aus weiß Gott
„prosaischen" Aufzeichnungen des russischen Priesters und Wissenschaftlers Pawel
Alexandrowitsch Florenski, der,1882 geboren, im Jahre 1937 in einem der
berüchtigten Straflager auf den Solowezki-Inseln im Weißen Meer ermordet wurde.
Den erschütternden Bericht über das Große Sterben sowjetischer Intellektueller
während der Stalin-Zeit, den gewaltigen Aderlass systemkritischer, geistig
unabhängiger Dichter und Denker entnahm ich Witali Schentalinski; Das
auferstandene Wort. Verfolgte russische Schriftsteller in ihren letzten Briefen,
Gedichten und Aufzeichnungen, Bergisch Gladbach 1996.

Wann wären mir schon mal die Finger abgestorben?
Wann war ein Kerzenstummel je mir einz'ges Licht?
Wann hätt den Torso eines Bleistifts ich erworben,
dass er in kupferfarbne Fetzen Verse sticht?

Wann wären jemals mir die Wangen eingefallen,
vom Joch des Hungers und der Sklaverei verzehrt?
Wann hätte ich, gereimte Kinderein zu lallen,
je die Geduld des heilen Blatts Papier entbehrt?

Wann wär, die Haut von Leichenblässe überzogen,
im Nest des Herzens schon den Tod als Kuckucksbrut,
ein Aufschrei meiner Feder, brechend schon, entflogen,
der meiner Seele ganzen Jammer auf sich lud?

Ach, Flecken Weins ersetzen mir die Spur der Tränen,
die Finsternis der Straße eines Kerkers Haft.
Vermessen wär's, am Leben leiden mich zu wähnen –
allein, ist nicht die Freude auch ein Quell der Kraft?

–

Auch tags ist's hier gewiss beschaulich zugegangen,
doch nun liegt alles lauthals schweigend vor der Nacht.
Die Kotten, deren First und Stirn mit Stroh behangen,
das Wäldchen, das am Eingang sie des Dorfs bewacht.

Der Fahrweg ganz vom Licht des Mondes übergossen,
und Kiefernschatten züngeln über ihn hinweg.
Die Luken allesamt verriegelt und verschlossen.
Ein einz'ges Lämpchen glimmt wo noch als gelber Fleck.

Die Erde selber scheint den Atem anzuhalten,
den Träumen nachzulauschen hinter Tür und Wand.
Gespenster geistern um die Gassen, Spukgestalten,
ein bleicher Himmel türmt sich sternlos überm Land.

Am Horizont von Büschen noch die Silhouette,
dann geht die Ebene ins Uferlose fort.
„Du kennst den Namen, Maler, nicht der Zauberstätte?"
„Doch unvergessen, Dichter, bleibt mir: Ich war dort!"

Im Jahre 1897 von Isaak Lewitan (1860 – 1941) geschaffen: „Dorf im Mondlicht".
Lewitans Landschaftsbilder sind gemalte Poesie, stille Augenblicke, in denen die
unabsehbare Vielfalt der russischen Natur im Wechsel der Jahreszeiten zu
geheimnisvollem Leben erwacht. Ein Kunstkritiker: „Seine Liebe zu der Schönheit
seines Landes durchstrahlt alles, was er tut, und sie überträgt sich auf die Leinwand;
Der Wind in den Bäumen, das Fließen des Wassers, sogar, wie er selbst es einmal
formulierte, das Geräusch des wachsenden Grases".

Man müsste jedem Halme eine Zeile weihen
und eine Strophe jedem Blatt auf diesem Bild,
den Bäumen ein Gedicht, dass sie gefeiert seien,
indes des Wassers Lob zu einem Epos schwillt.

Doch diese Fülle muss der Dichter sich versagen,
der nur mit dürren Silben seine Botschaft kräht,
vermag Akkorde gleichen Sinns nicht anzuschlagen,
nicht gleiche Töne, die's zu Sinfonien bläht.

Er kann in groben Zügen bestenfalls skizzieren,
was prall ihm und pulsierend vor dem Herzen schwebt,
dieweil auch ohne nur ein Stäubchen zu verlieren,
die ganze Welt der Maler auf die Staffel hebt.

Hier noch zu reimen hieße seine Kunst verkennen,
hier sich zu messen grenzte wohl an Größenwahn.
So will bescheiden Titel ich und Pinsel nennen:
„Ein Teich, der zugewachsen ist". Von Lewitan.

Ein Stückchen Landschaft, 1887 mit altmeisterlicher Sorgfalt gemalt, und doch nicht
bloß realistisch, wirklichkeitsgetreu, sondern im milden Licht des Tages, im silbrig
schimmernden Wasser und der wuchernden Flut des Grüns ein Hymnus auf den
geheimnisvollen Schöpfergeist der Natur: Der große Pan, alles andere als tot, hinter
jedem Baum, jedem Blatt ihre Stille hütend vor dem gefährlichsten aller Wölfe, dem
Homo faber et technicus.

Jetzt ist die Zeit, die fröhliche, „Santé!" zu sagen,
wenn dick und dämmernd schon der Nachmittag verrinnt.
Und blauer Dunst. Und einzeln oder auch in Lagen
die Gläser sich erneuern: Stunde des Absinth.

Paris. Von vier bis sechs. Vor über hundert Jahren.
Salut, Madeleine! Salut, Jérôme, mon ami!
Baudelaire, Ducasse zur Hölle grade erst gefahren,
Lautrec noch immer mit dem Block auf seinem Knie.

Salut, salut! Auf euch will ich den Becher heben,
die ihr in Suff und Fantasie mir Ahnen seid!
Denn grad wie ihr zu Wermutstropfen hock ich eben,
Rosé befingernd zur gewohnten Abendzeit.

...

Des Röck'ners Spinne, kriecht sie nicht im Mondenscheine
auf ewig gleichem Mauerwerke und Gesträuch?
Salut, copains! Salut, was davon blieb: Gebeine –
schon bald gehör ich, ohne Bitterkeit, zu euch!

Zum letzten Vers als „Kommentar" die morbide Grab-Vision eines der erwähnten Zechgenossen, „Der frohe Tote" von Charles Baudelaire (1821 – 1867) in der Übersetzung von Stefan George:

In einer fetten erde voll von schnecken
Da richt ich eine tiefe grube her.
Da will ich frei die alten glieder recken,
Vergessen schlafen wie ein hai im meer.

Ich will nicht testament noch grab und stein.
Ich will von menschen keine träne heischen.
Ich lade lieber mir die raben ein,
Daß sie den ganzen morschen leib zerfleischen.

Ihr würmer! augen- ohrenlos gekreuch!
Ein freier froher toter kommt zu euch!
Ihr heitre weise: aufgenährt im kot!

Durch meine reste dringet ohne sorgen
Und sagt: blieb eine qual mir noch verborgen
Mir ohne seele unter toten tot?

/Der Maler Henri de Toulouse-Lautrc lebte 1864 bis 1901, der Dichter Isidore Ducasse, bekannter als Comte de Lautréamont, von 1847 bis 1870.

Nun leg ich hier 'ne ganze Serie auf die Platte –
was ärgert meinen Zinken denn so stantepeh?
Das Lampenlicht, das ich mit Arm und Hand beschatte,
der Duft des Wachses und die Wärme in der Näh?

Ein Medicus, der könnt's mir sicherlich erklären,
als Laie habe ich die Trauben in Verdacht,
konnt ich des Niesens mich, des häuf'gen, nicht erwehren,
hat wohl der Wein dies feuchte Feuerwerk entfacht!

Soll nicht der Alkohol die Körperkräfte schwächen?
Ach, wie zerbrechlich sind wir Erdenbürger bloß!
So' n Fingerhut, der könnte sich so lausig rächen,
so' n Gaumenkitzler träte 'ne Lawine los?

Jetzt will ich grade nicht die Pichelei beenden
und kosten ihre Wirkung lieber völlig aus –
zeigt sie sich schon so reizend an den Nasenwänden,
legt sich das Hirn womöglich noch sensibler kraus.

Bis es am Ende, prall von blühenden Ideen,
im unstillbaren Drang des Schaffens erigiert,
um Lyrik auszustoßen, Lava gleichzusehen,
die heiß und blutig aus dem Krater sich gebiert.

Wohlan denn! Will vulkanisch, konvulsivisch kreißen,
dass urgewaltig mir der Verse Strom entfahr,
den groß die Zeitgenossen, ja, gigantisch heißen,
Walhallas wert der handverlesnen Dichterschar.

...

Doch ach, mehr als 'ne Maus bring ich nun nicht zuwege!
Zwei Schneiden offensichtlich hat des Trinkens Schwert:
Die ersten Schlucke machen noch die Geister rege,
doch tote Hose, ist die Buddel erst geleert!

Würd ich den Löffel jäh jetzt aus den Händen geben,
dann ließ ich einen schönen Nachlass hier zurück:
'ne Buddel und 'nen Becher und 'n Licht daneben –
des Dichters Zungenschwer gesammelt Erdenglück.

Hat also nicht geklappt, dieses „Veni, creator spiritus", mit Verlaub. Im Übrigen:
Das Niesen wurde schon in der Antike als glückverheißend oder unheilkündend
angesehen und rief – Übles abzuwenden – schon damals ein herzliches „Prosit!"
hervor. Hier der erste literarische Niederschlag dieses Aberglaubens, den wir
Altmeister Homer verdanken, Worte, die er der treuen Penelope in den Mund legt:

> „Käm Odysseus zurück in seine Heimat, er würde
> Bald mit seinem Sohne den Frevel der Männer bestrafen!
> Also sprach sie: da nieste Telemachos laut, und ringsum
> Scholl vom Getöse der Saal. Da lächelte Penelopeia,
> Wandte sich schnell zu Eumaios und sprach die geflügelten Worte:
> Gehe mir gleich in den Saal, Eumaios, und rufe den Fremdling!
> Siehst du nicht, wie mein Sohn mir alle Worte beniest hat?"

Odyssee, 17. Gesang, Vers 539ff. (in der Übersetzung von Johann Heinrich Voß,
1781).

Ein Denkmal, Bildnis, in den Stein gehaune Zeilen,
o was für ein tief empfundne Freud ihr gebt
dem Menschen, dem man Ehre wollte so erteilen –
mit diesem Vorbehalt: Solang er lebt!

Denn was an Ruhm, an eitlem, diese sich erworben
geht nicht zum Hades mit der flieh'nden Seele ein.
Nur Wohltat gilt, Gedanke auch, wenn er gestorben,
und lässt ihn auch hier oben unvergessen sein.

Bei Platon ist es und Homer die Geistesstärke,
nicht Säule, nicht Porträt, was ihnen Ruhm verleiht:
O Glück, so fortzuleben in verständ'gem Werke,
in Lettern, nicht im Bilde der Vergänglichkeit!

„Das Bleibende" sind diese Zeilen betitelt, die von Agathias Scholastikos stammen,
einem byzantinischen Dichter des 6. Jahrhunderts. Ein Plädoyer für den Nachruhm
der schreibenden Zunft, das wohl eher polemisch gemeint ist – die grandiose
Tradition der bildenden Kunst dürfte es locker Lügen strafen. Aber es weist
zumindest auf einen Unterschied der Künste hin: Während das Bild bei vager
Aussage rein ästhetisch interpretierbar ist, bleibt das Wort immer an einen konkreten
Sinn gebunden und damit auch Gradmesser der Intellektualität seines Urhebers. Aus
heutiger Sicht sind die Übergänge allerdings auch da fließend geworden, etwa wo
Bilder in den Dienst politischer oder weltanschaulicher Propaganda gestellt werden.
Der heroische Gigantismus der Tyrannenkunst des 20. Jahrhunderts zeugt ja auch
nicht gerade von Geist.

Genau in dem Moment, da mir Motive fehlen,
gerät der Mond als bleicher Fleck mir ins Visier.
Warum mich deshalb länger noch mit Suchen quälen?
Sei mir willkommen, alter Freund, auf dem Papier!

Doch deine heitre Miene muss ich heut entbehren,
in Strahlen schwimmt dein Auge wie im Tränenflor –
kannst nicht mal du dich denn der Regungen erwehren,
ein öder Fels, am Himmel rollend rück und vor?

So ewig, ewig, ewig nur im Kreise schleichen,
so ewig, ewig, ewig ohne Zweck und Ziel –
na ja, das muss wohl auch den stärksten Stein erweichen,
kristallne Starre gar erwecken zu Gefühl.

Da hab ich doch den bessren Teil auf meiner Seite,
des Erdenlebens unbedeutender Trabant:
dass ich nach Jahren schon aus dieser Mühle schreite,
Gevatter Tod als sichre Krücke an der Hand.

Nun weiß man doch schon so viel über den leidigen Himmel und was für ein
Geklumpe da in Ewigkeit herumfliegt, und doch berührt einen immer noch so
seltsam der vorbeitrudelnde Mond wie in den tiefsten Tagen romantischer Nacht-
und Sternseligkeit. Die vielen schönen Erklärungen, die wir uns im Laufe der
Jahrtausende so mühevoll erarbeitet und erkämpft haben, ändern eben doch nichts
Wesentliches daran: Die Welt ist ein Wunder, von dem wir, bei ehrlicher Besinnung,
immer noch nichts begreifen.

Noch eben schufst du Lieder, lieblich, ach, zu singen,
so frisch, dass man darin den Frühling fast gespürt,
noch eben ließest deine Stimme du erklingen,
ein Schwan, der uns mit seinem Weh im Herzen rührt.

Und plötzlich hat der Schicksalsgöttin es gefallen,
der Spule Herrin, die den Lebensfaden spinnt,
dich fortzureißen zu den grad Verstorbnen allen,
wie sie zuhauf am Styx, am Schreckensflusse sind.

Doch was dein Dichtermund, Erinna, uns gesungen,
o wie beredt dringt es als Zeugnis uns ins Ohr!
Du lebst, du lebst! Kein Tod hat jemals dich bezwungen
im pierischen ertönt dein Lied, im Musenchor!

Erinna ist eine griechische Dichterin des 4. Jahrhunderts vor Christus, die aus
Rhodos stammt. Bei dieser hymnischen Huldigung handelt es sich um das
Epigramm eines unbekannten Dichters, das in der um 900 im byzantinischen Reich
entstandenen Anthologia Palatina überliefert ist.

Wer magst du sein, der du, ach, Schiffbruch hast erlitten?
Leontinos fand ihn am Strande liegen, tot,
und grub ein Grab ihm, graden Sinnes unbestritten,
und weinte, weil ihm selber bald ein Ende droht.

Es treibt auch ihn ja stets und ständig nur umher –
wie eine Möwe jagt er rastlos übers Meer.

Zeilen von Kallimachos von Kyrene, der um 300 bis 240 v. Chr. lebte und
Bibliothekar in Alexandria war. Von ihm stammt der 120 Bücher umfassende
Katalog dieser berühmtesten Bibliothek der Antike. Bibliothekare, die Dichter
waren, gab es immer wieder – in der Neuzeit etwa Lessing oder Hoffmann von
Fallersleben. Und auch den schrulligen Bücherwurm, den Carl Spitzweg hoch auf
seinem Treppchen gemalt hat, kann man sich gut als emsigen Poeten denken.

Die Ochsen halte an, mein Freund, hör auf zu pflügen,
der Haufen hier, das ist ein Grab auf deiner Flur!
Zerwühl die Asche nicht, lass still die Toten liegen!
In solchen Staub sät man nicht Weizen – Tränen nur.

Eine Grabinschrift von Isidoros von Aigeiai (bei Sparta), aus dem 1. Jahrhundert v.
Christus.

In prächtgem Rot die Bäume in den Bergen blühen,
im Teiche kräuseln sich des Frühlings grüne Welln.
Der Zen-Mönch muss nicht nur die Tradition bemühen,
lässt seine Augen nicht erst durch den Tod erhelln.

Im späten Herbste fällt in Strömen wieder Regen,
der Tiger geht – das Moos hält seine Spur – auf Raub.
Der Westwind, pfeifend, will sich über Nacht nicht legen.
Am Morgen häuft sich auf den Treppen hoch das Laub.

Zeilen von Ku Yün, einem 1956 geborenen Chinesen, von dem es heißt, er ziehe
unstet durch die asiatischen Lande und schreibe seine Gedichte an Bäume und
Mauern – so wie man es von den alten Meistern der Poesie und Lebensweisheit
kennt. Ich interpretiere die Strophen so: Der Zen-Mönch sieht mehr als den
strahlenden Frühling (doppelsinnig: „die Tradition" – nämlich die der Zen-Sekte und
der Jahreszeiten), sondern im erwachenden Leben schon den drohenden Verfall, den
Herbst als Sinnbild von Tod und Vergänglichkeit.

Antikles, Armer – ach, ich Ärmste aller Frauen,
die ihren einz'gen Sprössling, des man sie entband,
der grade erst gereift, als Mann ihn anzuschauen,
voll Tränen auf dem Scheiterhaufen hat verbrannt.

Mit achtzehn gingst du schon, mein Junge, aus dem Leben,
und ich, ich bleibe nun zurück in dieser Welt,
um meine Klage, groß und bitter, zu erheben,
die auch im Alter ich auf mich allein gestellt.

Möcht ich doch nur den Weg zum finstren Hades finden!
Die eil'ge Sonne freut mich nicht, das Morgenrot.
Antikles, hilf mir, meinen Schmerz zu überwinden,
o nimm mich gnädig mit zu dir in deinen Tod!

Worte des Leonidas von Tarent aus dem 3. Jahrhundert vor Christus. Man hat sich
oft gefragt, ob die Menschen früher so viel für ihre Kinder empfunden haben, wie
wir es heute tun (sollten), und argumentiert, wegen der hohen Sterblichkeit und
großen Nachkommenschaft sei dies wohl eher nicht der Fall gewesen.
Liest man die Inschriften der Anthologia Palatina (s. S. 123), die nicht zuletzt auch
bewegende Todesklagen aus mehreren Jahrhunderten überliefert hat, muss man zur
gegenteiligen Ansicht kommen: So viele Stimmen echter Trauer und Verzweiflung
über den Tod von Kindern zeugen von einer Liebe, die sich in nichts von der unserer
Zeit unterscheidet.

Milet, o Heimat, freiwillig sind wir dahingegangen,
da uns die Kelten, frech und schamlos, drohten zu entehrn.
Wir flohen, wir drei Mädchen, vor dem schändlichen Verlangen –
wie anders ihres grausen Kriegsgotts sich erwehrn?

So wurden weder wir geschändet noch zu Tod geschunden,
im Herrn der Schatten haben wir Gemahl und Schutz gefunden.

Um 300 v. Chr. schrieb dies Anyte aus der arkadischen Stadt Tegea.

Durch Krankheit nicht und nicht durch Waffen, die der Feind
verwandte,
verstarb Rhodope ich mit Boiska, ach, der Mutter mein –
nein, als Korinth der graus'ge Gott des Kriegs uns niederbrannte,
da schlugen selber mutig wir den Weg zum Hades ein.

Es stach mich mit des Schwertes mordgewohnter Klinge
die arme Mutter, selbst auf Schonung nicht bedacht;
sie wand sich um den Hals die würgende, die Schlinge –
o lieber sterben, als zu Sklavinnen gemacht!

Auch dies die Neuübersetzung eines Gedichtes von Antipatros, bewegendes
Dokument eines verzweifelten Heroismus vor dem Unausweichlichen: Raub,
Gewalt, Trennung, Sklaverei. Fortschritt? Schriebe man heute, 2000 Jahre später,
wieder Zeilen auf die Grabsteine – wie viele Gedichtbände könnte man füllen!

Nur wen'ge Verse hat Erinna hinterlassen –
die Musen haben dennoch sie dafür bekränzt.
Nie werden sie des Todes Fittiche umfassen,
nie wird man ihren Namen je vergessen hier.

Doch die wir heut zuhauf uns auf die Kunst verstehen,
wir schwinden, wenn wir schwinden, damit aus dem Sinn.
Beginnt das Jahr, dann krächzen aus den Wolken Krähen –
ach, wie viel schöner singt der Schwan, der bald dahin!

Der Schwanengesang als schöner, ergreifender Abschied ist seit der Antike geläufig.
Schon bei Aischylos und Cicero findet sich dieses Bild, das Antipatros hier „zitiert".

Ein Knabe war ich schon, ein Mädchen ebenfalls,
ein Vogel, Busch, ein Fisch, der heiß aus Flut von Salz...
--

O Bürger, wert, in dieser blüh'nden Stadt zu wohnen
hoch auf den Hügeln überm goldnen Akragas,
und die ihr wisst, besondre Leistung zu belohnen:
Ich wünsch euch, Freunde, dass euch nie das Glück verlass!

Ein Gott bin ich, unsterblich, heut in euren Reihen,
den sterblichen, den Menschen, himmelweit entrückt,
wie ihr mir Achtung lasst und Ehre angedeihen,
mit Binden festlich mich und bunten Blumen schmückt!

Der griechische Philosoph Empedokles (5. Jh. v. Chr.) bezieht sich in diesem
Gedichtfragment auf seine Lehre von der Seelenwanderung, die er bei seinen
Zuhörern als bekannt voraussetzt. Was für eine Anrede an sein Publikum! „Alles
bin ich schon gewesen in meinen früheren Leben, aber hier unter euch bin ich ein
Gott". Mit Verlaub: Eine frühe Form des „Ich bin ein Berliner!" Akragas, der Name
des Flusses, ist auch der alte Name von Agrigent, der Heimatstadt des Philosophen,
deren Lob er hier singt. Das gute Einvernehmen hat allerdings nicht angehalten:
Später entzweite er sich mit ihr und siedelte von Sizilien nach Griechenland über.

Dem Ende ging der geizige Hermokrates entgegen
und setzte selber sich zum Erben seiner Güter ein.
Begann auch lang und breit noch jene Kosten zu erwägen,
die ihm entstünden - stürb er nicht – für Ärzte und Arznei'n.

Und fand, es wär um eine Drachme teurer zu genesen,
sprach: „Bill'ger ist der Tod" und legte sich zum Sterben hin.
Da ist nur noch der Obolus, das Fährgeld, sein gewesen –
die Hinterbliebnen aber hatten fröhlich den Gewinn.

Ein Vorläufer des Molièreschen „Geizigen", epigrammatisch karikiert von Lukillios,
der im 1. Jahrhundert in Rom lebte.

Mond, Sonne und die Sterne, die der Tiere Kreis durcheilen,
    sie haben dir dies Schicksal an der Wiege ausersehn:
    Ein Lebenssechstel bei der Mutter vaterlos zu weilen,
    ein Achtel dann für Tageslohn in Feindeshand zu stehn.

Dann darfst du für ein Drittel Heimat, Weib und Kind genießen,
    bevor des Skythen Pfeil die beiden Lieben dir entreißt –
    und du wirst Tränen, Tränen voller Bitterkeit vergießen,
    bis es nach siebenzwanzig Jahren für dich sterben heißt.

Ein unbekannter Dichter der Anthogia Palatina hat dies Rätselgedicht verfasst –
bildet man mithilfe der Angaben eine Gleichung mit einer Unbekannten, kommt man
leicht auf die Lösung: Der Mann wurde 72 Jahre alt.

Was immer auch des Menschen Scharfsinn zuzumessen ,
wie Rechenregeln, Wissen um des Alls Gestalt,
Grammatik, immer streng, und logische Finessen,
die Kunst des Arztes und des Redners Wortgewalt

Kaisarios war bewandert wachen Geists in allen
und ist – wie jeder andre – doch zu Staub zerfallen.

So beklagt der griechische Kirchenlehrer Gregor von Nazianz, der im 4. Jahrhundert
lebte, den Tod seines früh verstorbenen Sohnes.

Ein hohler Halm war ich einst, ohne wem zu nützen,
    ließ Apfel, Traube, Feige nicht an mir gedeihn –
    da kam wer, Rinne mir und Lippen einzuritzen,
um ganz und gar darauf den Musen mich zu weihn.

Jetzt brauch ich einem schwarzen Saft nur zuzusprechen –
    schon fang ich an, in stummen Jubel auszubrechen.

Der unbekannte Dichter der Anthologia Palatina meint hier das Schreibrohr, das, mit
Tinte gefüllt, beginnt in Poesie zu schwelgen.

Zum goldnen Sternenreigen sah ich nachts beim Schreiten,
beim heitren, das den Schlummernden nicht lästig fiel.
Das Haar voll Blumen, griff ich in der Harfe Saiten,
dass ihr ein Lied entlock, der lieblichen, mein Spiel.

So lasse ich mein Leben in den Kosmos klingen,
denn Kranz und Klang, sie eignen ihm vor allen Dingen.

Marcus Argentarius, der diese hübschen Verse dichtete, lebte im 1. Jahrhundert in
Rom. Der Kranz ist hier Symbol der kreisenden Gestirne, der Klang weist auf die
Musik, die nach damaliger Lehre die sich drehenden Sphären erzeugen, an denen die
Sterne befestigt sind.

Die Zeit, uralt, bewegt sich fort nur unter Mühen,
und mitten doch im Wort dich jählings unterbricht.
Selbst unsichtbar, kann alles sie dem Blick entziehen,
Verborgenes indes befördert sie ans Licht.

Der Mensch, er kennt nicht seines Todes Stund und Zeit,
doch jeder Tag bringt näher ihn der Dunkelheit.

Ein unbekannter Dichter der Anthologia Palatina, die voll ist von solchen
wehmütigen Betrachtungen.

Bis zum Morgen

Na, davon könnt ich dir ein Liedchen singen!
Die Dichter: Schlimmer noch als Liebesleut!
Wie kann man denn 'ne ganze Nacht verbringen
mit einem Vers in trauter Zweisamkeit!

Kannst du vielleicht da irgendetwas hören,
da wenn du einmal hinhörst ganz genau:
Der Chor der Dächer und der Schornsteinröhren,
die Ameise, die Weizen schleppt zum Bau?

Muss es denn bis zum Sonnenaufgang währen,
bevor die abgedroschnen Reime man
von Straßenfegern, die vorm Hause kehren,
zum Strand hinweg befördern lassen kann?

Ein böser Geist, er flüstert mir auf diese Frage ein:
Bei offnem Fenster musst du bis zum Morgen schreien, schrein!

Die alte Philosophenparadoxie: „Alle Kreter lügen" – sagt Epimenides, der Kreter
(im 7. Jh. v. Chr.). Alle Dichtung taugt nichts – sagt uns hier Orhan Kanık, der
Dichter. Aber er meint nur die schwülstige, nichts sagende, wirklichkeitsfremde. Da
mag er denn Recht haben.

Ein rauer Frühlingswind, der mir Ernücht'rung bringt.
Noch immer ist es kalt um diese Zeit.
Vor mir die Sonne, die da überm Berg versinkt,
und hinter mir des Weges Einsamkeit.

Doch gleich, ob Sonne oder Sturmgebraus -
es geht ja heimwärts, geht nach Haus, nach Haus!

Die heimatliche Vorfreude auf einsamer Straße schilderte in knappen,
eindrucksvollen Worten der chinesische Dichter Su Shi (Su Dongpo), der von 1036
bis 1101 lebte.

Vom Frühling hab ich Abschied und von meinem Kind genommen,
ein und derselbe Tag, er brachte doppelt mir das Leid.
Indes, mag auch der Lenz vergehen – er wird wiederkommen,
mein Söhnchen aber ging dahin für alle Ewigkeit.

Die Welt ist nur ein Trugbild, um uns stets zu hintergehen,
verzaubert, wahrlich, wird das Auge von der Blütenpracht.
Wir Menschen aber sind nur Spielzeug, ach, bei Licht besehen,
in irgendeines Hand, der seine Späßchen mit uns macht.

Im nächsten Jahre, wenn, den Weg nach Osten eingeschlagen,
ich folg dem Frühling, folge der erblühenden Natur,
wer wird dann meine Kürbisflasche mit dem Weine tragen,
wer wird dann nach mir gehen in des alten Mannes Spur?

Verlust, Trauer, Resignation – im scheidenden Frühling gespiegelt von Rai Sanyō
(1780 – 1832), einem japanischen Historiker.

Das Dasein, ach, bemisst sich nur nach wen'gen Jahren,
hat nicht einmal wie Bäche im Gebirg Bestand.
Und können wir's auch heute grade noch bewahren –
auf morgen hoffen hieß soviel wie Bau'n auf Sand.

Wie viele Orte muss im weiten All es geben -
doch keiner ist, an dem man Dauer sich erwirbt.
Wie viele Wesen müssen auf der Erde leben –
doch keines unter ihnen, das nicht einmal stirbt.

Ein buddhistisches Lied, das dem japanischen Mönch Kūya (903 – 972)
zugeschrieben wird.

Nun werden doch die Tage endlich wieder länger –
von linden Lüften allerdings noch keine Spur!
Und auch die tapfren Hof- und Straßenbäumesänger,
sie zwitschern in der Dämmrung früh verhalten nur.

Mit Eisesmiene macht der März sich aus dem Staube,
gönnt dem April nur rasch noch einen frost'gen Blick.
„War einen Monat hier. Und fertig ist die Laube."
Ja, hat er nicht die Pflicht, dass er den Frühling schick?

Drei schlappe Grad bei hellem Sonnenschein besehen –
bei Mondlicht holt die Kälte sich den letzten Schliff.
Da soll noch einer Petri Strategie verstehen –
vorausgesetzt, er hat die Sache noch im Griff.

So hock ich weiter zwischen gut geheizten Wänden,
begebe mich nur, wenn es nötig, vor die Tür.
Ein Roter hier und da ein Buch, mir Trost zu spenden –
ach ja, und selbstverständlich dies Geschreibsel hier.

Doch wär mir hunderttausendmal ein Frühling lieber,
in dem das Herz wie neugeborn sich wieder hebt:
Die Düfte, Farben, Winde wie ein süßes Fieber –
ach, jeder Tag, der dies nicht hat, ist ungelebt!

Ist es nicht so: Nach dem langen Winter mit seinen zwar nur mäßig kalten, aber oft
stürmischen und regnerischen Tagen ersehnt man die milde Wohltat des Frühlings
mit mehr Licht, Luft und Wärme und den belebenden Blättern und Blüten. Aber er
lässt auf sich warten – und wenn er dann endlich kommt, haben wir längst April und
das beklemmende Gefühl, das Erwachen der Natur wieder einmal verpasst zu haben.

160

Auf einmal nehm ich wahr, wie ruhig es geworden:
Ich schaue auf und schau direkt in Finsternis.
Still auch das Haus, das eben noch mit Pop-Akkorden
am Faden meiner Nachsicht mit den Nachbarn riss.

Was mögen sie wohl ohne Drum und Dröhnung treiben,
wie kriegen sie sich so abrupt von high auf Null?
Der Omma mal 'ne richtig geile Karte schreiben,
die Glotze gaffen mit Geknabber und Red Bull?

Was weiß ich von den Leuten, die wie ich hier hocken –
Planet und Stadt und Straße, Nummer: Alles gleich?
Ach, höchstwahrscheinlich wär ich völlig von den Socken,
dräng ich nur vor bis in ihr gut geriegelt Reich.

'ne Handvoll Mörtel und ein Dutzend Mauersteine,
nichts weiter, was uns voneinander ferne hält.
Doch alles pusselt da – Sie wissen, was ich meine? -,
als läge zwischen jedem Stock 'ne ganze Welt.

Ein artig ausgetauschter Gruß im Treppenhause
entringt als Übung sich der bürgerlichen Pflicht,
dann schaltet sofort wieder man auf Sendepause,
wobei das Knarrn der Stufen nur das Schweigen bricht.

So wird für mich wohl immer ein Geheimnis bleiben,
was flüsternd hinter meinen Wänden vor sich geht –
vielleicht sitzt gar, um ähnlich sich am Sein zu reiben,
zwei Meter weiter nur ein Bruder, ein Poet.

Anonymität der Großstadt, Fremdheit, die beim Nachbarn beginnt. Aber bei aller
Reserviertheit: Spekulieren, tuscheln tun die Leute schon, das kriegt man nicht raus.
Aber nur aus Neugier, nicht aus bösem Willen. Na denn.

Wie grün war ich einmal, das heißt: wie unerfahren,
mit andren Worten aber auch: wie jung dabei.
Und heute, ach, nach tausend grau melierten Jahren,
wünsch ich, dass fünfzig Frühlinge es früher sei.

Dann wüsste ich der Gräser Namen nicht zu nennen,
dann hätten sich die Blumen noch nicht vorgestellt;
dann wär die Sonne, statt sich einmal auszubrennen,
die ew'ge Lampe einer gottgefäll'gen Welt.

Dann könnte ich, wenn ich die Straße überquere,
der Pflastersteine Ritzen spüren unterm Schuh –
und was für eine Stille dann da um mich wäre,
käm nicht ein Dreirad lauthals summend auf mich zu.

Ich könnte blindlings mich dem Leben anvertrauen
und Kerne spucken oder Treppenstufen zähln;
ich könnt ein Luftschloss mir in Bäumchenhöhe bauen
und einer alten Siebenjähr'gen mich vermähln.

Ich könnte übers Töchterlein, das liebe, flennen,
das schuldlos in Grimms Märchen unter Tatverdacht,
und aus dem Stand mit jedem um die Wette rennen
bis zu dem Punkt, den wir als Ziel uns ausgemacht.

Vor allem braucht ich mir nicht Verse auszudenken,
dass rhythmisch ich gereimt der Wirklichkeit entflieh:
Denn alles, was die Sinne einem Kinde schenken,
es ist, gewalt'ger als mit Worten, Poesie.

Das soll nun aber wirklich für sich selbst sprechen.

Beim Fortschaffen eines Rankgestells

Schon lange sind die Stangen wieder aufgebunden;
verwelkte Kürbisblätter liegen hier und dort.
Die weiße Blüte hatte sich ja eingefunden –
so schafft die Ranken man in Ruhe wieder fort.

Mag sich die Grille auch ihr Herbstlied nicht versagen –
wie ist dem Spatz zumut, der nachts gehaust darin?
So trostlos alles, ach, in diesen kalten Tagen,
auch unser Leben, das doch einmal ein Beginn!

Von Du Fu (712 – 770), einem der größten chinesischen Dichter, melancholisch, wie
es heißt, von Natur, aber nicht zuletzt auch wegen der Zeiten, die voller Hass, Leid
und Krieg waren.

Wenn wir

Wenn wir, soeben aus dem Schoße ausgekrochen,
die ungewohnte Welt begrüßen mit Gebrüll,
um diesem Weichen für wer weiß wie viele Wochen
uns an die Brust zu legen, dass es still uns still

So kleine Würmer, die mit ihren Kulleraugen
die neue Heimstatt stumm gedankenvoll besehn,
wo nicht geschäftig, bäckchenbauschend Saft zu saugen,
wo nicht im Schlummer, irren Träumen nachzugehn

Wenn wir so unvermittelt in den Tag getreten
mit tausend Fragen, die noch nicht mal formuliert,
von Lust des Fleisches auf Verdoppelung erbeten,
die wie am Rande auch ein bisschen Hirn gebiert

Wenn wir so winzig da in unsrer Koje liegen,
am Nuckel kauend rhythmisch und in aller Ruh –
wer wird uns mit der Waage der Erwachsnen wiegen,
uns Worte schenken außer „Dutzidutzidu"?

Man ist nicht Kellner, Kauffrau oder Hausverwalter,
nicht Eseltreiber, Schäferin und Visagist,
genauso wenig Säufer oder Hundehalter,
Sektierer, ortsbekannter Freigeist oder Christ.

Gelehrter nicht, wie er auf seines Geistes Bahnen
von aller Welt bewundert nach Verborgnem spürt,
nicht Philosoph, gewohnt, das Ganze zu erahnen,
indem die Teile er zu dessen Gliedern kürt.

...

Gehört zu Galgenvögeln man, Honoratioren?
Versieht man an der Waffe Dienst, im Hospital?
Hat man sein Herz an Hasch, an Gummibärn verloren,
gibt man dem Streit, dem Händereichen erste Wahl?

O wie wir unser Köpfchen in die Kissen schmiegen,
wolln wir mit solcher schweren Kost uns nicht ernährn!
Nur gucken wollen wir und was ins Bäuchlein kriegen
und, mit Verlaub, uns wohlig wiederum entleern.

Und schickt man uns einst wieder in den Schoß der Erde,
so hilflos, wie er einmal uns ans Licht gesandt,
nein, schlimmer: ohne Blick und Stimme und Gebärde,
Ruine, die des Lebens Leidenschaft verbrannt

Wer würd in diesem Leichnam den Professor sehen,
in dieser ausgeglühten Hülle das Genie?
Wer würd sich angesichts des Ew'gen unterstehen,
dass klagend nach dem Bauern er, dem Bäcker schrie?

Den Mimen hat, Minister man zu Grab getragen,
und auch der Straßenfeger ist kein Thema mehr.
„Kadaver" heißt die Antwort jetzt auf alle Fragen,
den Würmern allemal zu Nutzen und Verzehr.

Warum indes bei Start und Ziel nur anerkennen,
dass uns die Götter diese Larven nicht verleihn?
Dazwischen soll man sich von allem Plunder trennen,
dazwischen sich bemühn, nur einfach Mensch zu sein!

Sieh auf

Sieh auf! Dies alles ringsum wirst du einst verlieren!
Womit beginnen? Ha, mit diesem Einfall just!
Nie wieder in das Salbenweiß des Blattes schmieren
der Tinte zitternde venöse Lebenslust.

Ad zwei: Nie wieder lyrisch-leeren Blickes starren
durch trübe Fensterscheiben in den Straßenraum,
um mit sensiblen Sinnen seiner nur zu harren:
des Abfalls von der Dichtung Paradiesesbaum.

Des Brenners Flamme, die's in zuckend blauer Säule
ätherisch aufwärts in den Schlund der Therme reißt
und die mit Säuseln statt mit stürmischem Geheule
im steten Blitzen eines roten Irrlichts gleißt.

Den stolzen Tag, der draußen da mit schlappen Schwingen
von allem Hunger müde unterm Monde kniet,
dem Gott des Schlafs den schuldigen Tribut zu bringen,
dass er ihn mit dem Sonnenaufgang wieder flieht.

Die Worte, die in Fetzen mir zu Ohren fliegen,
wie hohle Echos aus der Häuserschlucht gesandt,
und deren Sinn nur selten einmal mitzukriegen,
wiewohl die Botschaft eigentlich doch stets bekannt.

...

Die Flasche? Aber ja, die Flasche nicht vergessen,
die mir seit Jahr und Tag so treu die Stange hält,
auf meine, ach, Ergüsse desto mehr versessen,
je weiter gegen Nullnormal ihr Pegel fällt.

Des Lichts von milch'gem Glase matt getönten Schimmer,
der voller Trost die Stirn, die suchende, umfließt
in diesem aus der Art geschlagnen Arbeitszimmer,
wo häufiger der Gaumen als der Geist genießt.

Und auch den Mond, der Erde hündischen Gesellen,
der Nacht für Nacht im Sterngefunkel Gassi geht,
sein Rund, zum Platzen voll von Strahlen, abzuschwellen,
bis es erneut ihm wieder bis zum Kragen steht.

Ach, sollt ich alles, was mir wert, herunterzählen,
hätt ich am Ende wohl die ganze Welt genannt.
Doch nichts wird mir so wie die gelben Tulpen fehlen,
die heut ich bei der Heimkehr auf dem Tische fand.

Hier setze ich zur eigenen Erinnerung ein Datum ein – 12. April 2001, reine
Privatsache, für die werte Leserschaft ohne Bedeutung.

Als Kind

Als Kind bin ich auf Brücken gerne stehn geblieben,
wenn unter mir der blanke Stahl der Schienen lief
und mit den Schwellen, in den Schotter eingetrieben,
mir Fernen ohne Ende vor die Seele rief.

Wie schön, wenn dann noch diesem mystischen Verweilen
sich dampfend, schnaubend eine Eisenbahn gesellt,
mir untern Füßen hell und heulend fortzueilen
in eine unerreichbar unbekannte Welt.

Oft beugten aus den Fenstern, die herabgezogen,
Gestalten in den Fahrtwind sich, in Rauch und Ruß,
und winkten, wie sie donnernd so vorüberflogen,
dem Kerlchen am Geländer einen flücht'gen Gruß.

O wie viel Wehmut mischte sich dann ins Entzücken –
doch weniger die Lust, die in die Weite zieht,
als diese Trauer, Menschen hinterherzublicken,
die man im ganzen Leben nicht mehr wiedersieht.

Diese Faszination der Ferne, die die Eisenbahn auf das kindliche Gemüt ausübt, ist
sie so stark, dass sie manchen bis ins hohe Alter nicht verlässt? Ich kenne so viele
gestandene Erwachsene, die alle Nase lang in den Laden rennen, um sich Zubehör
für ihre „Anlage" zu besorgen. Kommt für mich nicht in Frage – aber getrennt habe
ich mich von meinen beiden Modell-Loks auch nie, ganz bewusst nicht. Nostalgie
light!

Und wieder

Und wieder leuchteten umher die Osterfeuer,
als ich von Freunden auf dem Weg nach Hause war,
der Dämmerung, der Nacht entgegen hinterm Steuer,
das Dorfidyll im Rücken wie vor einem Jahr.

Wie Kriegssignale wirkten sie in ihrer Fülle,
nein, schlimmer – wie schon allerwärts der rote Hahn.
Im Lande ringsum aber herrschte Frieden, Stille,
die einz'ge Unruh hier nur auf der Autobahn.

Bisweilen sah ich flackernd nur die Flammen walten,
als ob da draußen niemand, sie zu hüten. wär,
doch manchmal auch der Menschen schattige Gestalten,
die wie in Andacht harrten und gedankenschwer.

Vielleicht auch starr vor Kälte, die noch zugenommen,
nachdem versiegt der Sonne glutendes Rosé,
und kaum war ich daheim in Hamburg angekommen,
da fiel in feinen Flocken auch schon wieder Schnee.

Wie gern lass ich den Tag noch mal Revue passieren:
Geklön beim Kaffee und der Gang durch Wald und Flur,
die Schafe, die in Reih und Glied nach Futter gieren,
im kleinen Treibhaus die erhöhte Temp'ratur.

Das Käsebrett mit zig erlesenen Genüssen
von grob (Gruyère) bis (Ziege) duftig elegant,
und Eier, die in Schale mächtig sich geschmissen,
ein speckig glänzendes, gefärbiges Gewand.

Der Gartenteich, in dem die Algen sich verbreiten,
von Primeln still beäugt, die eben erst hier stehn,
und auch dies Um-die-ganze-Hufe (Hufe?)-schreiten,
um Blätter, Blüten, die bald bersten, zu besehn.

...

Was soll ich mehr denn noch von dieser Landschaft sagen,
die lindernd sich auf meine Städterseele legt?
Ach, könnt ich mich doch täglich in die Büsche schlagen,
im Grase wandeln, unter Blumen unentwegt!

Nun bin ich wieder in die Klause eingeschlossen,
in des geschäft'gen Viertels graue Wüstenei,
von Klängen, mächtig, mythisch, permanent umflossen,
Sirene (Ambulanz) und Martinshorn dabei.

Und morgen heißt es wieder nach Canossa gehen,
das Knie zu fälln fürn bisschen Lebensunterhalt,
als kleine Nummer vor gestrengen Herrn zu stehen,
die aller Weisheit voll sich fühln durch Amtsgewalt.

Mag strahlend im Azur das Himmelslicht dann gleiten,
mag düsteres Gewölk sich seiner Fracht entleern –
ich hab kein Auge für des Firmaments Gezeiten,
muss einer Flut ich mich doch von Papier erwehrn.

Drei Monate wird mir der Frühling niemals dauern,
wenn überhaupt er je einmal so lang verweilt,
ich treff ihn ja nur außerhalb der City-Mauern,
wenn er am Wochenend mir Alltagswunden heilt.

So kreist mein Denken ständig um die freien Tage,
als ob es sich nicht lohnte, dass man mittwochs lebt –
wie eine Uhr, die nur beim vollen Stundenschlage
sich plötzlich aus dem Schlummer ihres Tickens bebt.

Die Zeit, ach, wird mir umso rascher nur verrinnen,
als ich sie mir ja derart selber noch beschneid.
Mag jetzt auch erst der Mai, der blühende, beginnen –
die Zukunft, Feuer, Asche, liegt schon sprungbereit.

Mein Kommentar zu „Eheu fugaces, Postume, Postume, labuntur anni!" (Horaz)
/Übers. „Wie fliehn , o Postumus, die Jahre nur dahin!"

O, ihm ist schlecht

O, ihm ist schlecht, er kränkelt, hat die Faxen dicke,
ätherisch streckt er, blass und bläulich, sich ins Gras,
die Finger an der Kehle, Ekel schon im Blicke -
vielleicht, dass er an irgendwas sich überfraß.

Sein Blaue-Blume-Hemd, es scheint ihn zu ersticken,
die Beine wachsen mächtig ihm vom Leibe fort.
Falls er sich hingelegt, um etwas einzunicken,
ist hier mit Sicherheit die Zeit nicht und der Ort.

O, ihm ist schlecht, er kränkelt, muss sich übergeben,
mit halben Sinnen nur nimmt er die Welt noch wahr –
wo deutlich Ross und Tanne, Stall und Sau noch eben,
da fliegt die Nebelkrähe jetzt, der graue Star.

Bis auf, bis auf, o diese flüchtigen Momente,
da aus den Schatten eine Silhouette blitzt,
die er gewiss als das vertraute Tier erkennte,
wär sie von einem Weiß nicht, das kein Schwein besitzt.

O, ihm ist schlecht, er wagt die Augen nicht zu schließen,
weil alles sich dann, alles nur noch schneller dreht –
so sieht im Tageslicht er weiter Wunder sprießen,
am Leben leidend, am fatast'schen, der Poet.

Gedanken zur Marc Chagall, *Ruhender Poet*, 1915.

Vielleicht 'ne halbe Stunde noch

Vielleicht 'ne halbe Stunde noch,
dann geh ich mich verkrauchen,
ich will zwar nicht – jedoch, jedoch
der Schornstein muss ja rauchen.

Um sechse heißt es wieder: Spring
heraus aus deiner Kuhle,
verdiene dir den Silberling
im Bürokratenstuhle!

Ich mein's so mit dem Judaslohn,
weil ich mich selbst verrate –
wär gern die Freiheit in Person
und bin doch Knecht beim Staate.

Maecenas fehlt mir, Tusculum,
mich zum Parnass zu schwingen –
so muss die Dichterstimme stumm
am Markte sich verdingen.

Erst wenn ich nach getaner Pflicht
verlass des Amtes Schwelle,
dann sitz ich oder sitz auch nicht
an Hippokrenes Quelle.

Vielleicht 'ne halbe Stunde noch
will sinnend ich hier säumen.
Dann schlaf ich zwar – jedoch, jedoch
kann ich auch weiterträumen.

Es geht die Sage, einst habe der berühmte Mäzen R. aus dem prächtigen H. den
scheuen Dichter S. in seinem heidestillen Städtchen B. besucht, um ihm ein
namhaftes regelmäßiges Sümmchen anzubieten, damit er sich aller materiellen
Sorgen ledig seiner subtilen Kunst widmen könne. Tatsache oder nur ein modernes
Märchen? Egal – ich liebe Märchen.

Ein Fleck so einsam

Ein Fleck so einsam, dass ich ihn besuchen möchte,
vielleicht empfing er einen Gleichgesinnten gern.
Nichts Großes grade: Weide nur und Moos und Flechte,
am grünen Gräserhimmel mancher Blütenstern.

Der Winter hat ihn sicher eben erst verlassen,
vom Eise blieben ihm die trüben Pfützen nur,
in Ocker glänzend durch morastig braune Massen,
in die sich aufgelöst des Weges sand'ge Spur.

Der Fuß, er wird nur schwerlich eine Richtung finden,
in eins verschmilzt die Erde mit dem Firmament –
allein die Bäumchen, Pricken gleich im Watt, verkünden,
was hier als Biegung nicht der beste Blick erkennt.

Schon liegen schwärzer in dem Schimmer diese Schatten,
mit dem die Dämm'rung stets die Lande übersät,
und Wolken auf dem Horizont, ihn zu begatten,
damit aus fahlem Gelb ein Morgenrot entsteht.

Wie gern würd ich zu diesen Weiden mich begeben
und würd sie fragen, wie man's aushält so allein.
Vielleicht, dass ihre Stimme silbern sie erhöben
und wisperten vom Schlamm in diesem goldnen Schein.

So bin ich in Gedanken den *Feldweg* gegangen, den der russische Maler Alexei
Sawrasow 1873 auf die Leinwand bannte.

Längst Dunkelheit

Längst Dunkelheit. Doch tageshell
durchzucken, ach, sie Blitze,
und Wetterleuchten, neongrell,
umtost die Göttersitze.

In rascher Folge dröhnt der Schlag
des Donners um die Dächer
und „Komme, was da kommen mag",
fass fester ich den Becher.

Dann bricht die Sintflut plötzlich los
mit irren Wassermassen,
die sintfluttropfenwürdig groß
kaum auf die Scheibe passen.

So seltsam ist mir doch dabei,
bei diesem Spaß von oben,
als würd der Wonnemonat Mai
den Tag des Zorns erproben.

Die schreckliche Gewitterfront
will ihm so gar nicht stehen.
Wünscht man den Frühling nicht besonnt
mit trocknen Füßen gehen?

Auf nichts ist eben noch Verlass
bei diesen Jahreszeiten –
falls nicht schon in finalem Hass
die Elemente streiten!

Ich leg mich dennoch erst mal hin,
was auch gescheh auf Erden:
Es kann – falls morgen ich noch bin –
ja doch nur besser werden.

Verzeih mir

Verzeih mir, einz'ger Leser, diese raschen Zeilen,
die mir – zerknirscht gestehe ich's – der Mond entlockt.
Noch eben sah ich ihn durch die Antennen peilen,
jetzt steht er hoch schon auf die Wolkenbank gebockt.

Da ist mit Dichten ja wohl kaum noch nachzukommen,
wenn er so zügig durch die Sternen-Masse strebt –
zum Glück hab ich einmal ein Bild von ihm genommen,
das unverwüstlich mir seitdem im Brägen klebt.

So kann ich plastisch ihn auch weiterhin beschreiben,
da er sich grad um eine Mauerecke stiehlt,
bedingt durch meiner Küchentüre Fensterscheiben
und was ihr kleines Viereck mir zu sehn befiehlt.

So rundlich scheint er mir, so überschwer zu wiegen,
und war doch nichts als Knochen neulich noch und Haut.
Wie kann man nur so schnell was auf die Rippen kriegen –
hat er vielleicht ein Hefemittelchen gekaut?

Gewiss. Denn heißt's nicht immer, er sei aufgegangen?
Und hat der Wandse Bote ihn nicht präsentiert,
dass wie Rosinen um ihn her die Sternlein prangen
und Duft ihm nebenglänzend aus den Poren friert?

Vielleicht indessen, als ich ihn so dürr gesehen,
hielt er auch grade irgendeine Mordsdiät
und ist ihm jetzt wie stets in solchem Fall geschehen,
dass er danach gleich doppelt auseinander geht.

Wer kennt sich aus mit diesem seltsamen Gesellen,
der sich so sprunghaft zeigt in seiner Leiblichkeit?
Todsicher kann man dennoch seine Uhr drauf stellen:
Der kommt beim nächsten Mal genau zur gleichen Zeit!

Das Lied von der bitteren Kälte

Im Anstieg nördlich in die Taihang-Berge grade.
Unendlich steil. Und welche Mühe, ach, dabei!
Hier auf dem Schafdarmbuckel, was für krumme Pfade!
Und wie viel Wagenräder gehen da entzwei!

Ein einz'ges Pfeifen in den Bäumen nur und Tönen,
und Bären auf dem Weg versperrn die Weiterfahrt.
Man hört den Nordwind und sein Ächzen und sein Stöhnen
und wie der Tiger ringsum brüllt, der Leopard.

In Schlucht und Tal kaum einmal eine Menschenseele.
Und langsam fängt es immer stärker an zu schnei'n.
Ich reck den Hals, stoß lange Seufzer durch die Kehle.
Gedanken dringen tausendfältig auf mich ein.

Mein Herz so schwer, so voller Unruh, ach, sein Pochen.
Mein ganzes Sehnen: dass nach Osten heim ich kehr.
Ein tiefer Fluss. Die Brücke, ihn zu quern, zerbrochen.
Auf halbem Wege jag ich kopflos hin und her.

So ratlos bin ich, dass die Richtung wir verlieren.
Die Nacht bricht ein, und nirgends eine Lagerstatt.
Wer weiß wohl noch, wie lange wir schon so marschieren?
Und Ross und Reiter, beide werden sie nicht satt.

Ich nehm den Sack, hol Holz, dass ich die Flammen speise,
hack mit der Axt mir Eis zum Essenkochen dann.
Vom Ostberg summe traurig ich die alte Weise -
und, ach, des Lebens ganzer Jammer fasst mich an!

So seufzte einst Cao Cao (155 – 220), Bandit, Feldherr, Herrscher über Nordchina
und Begründer der Wei-Dynastie, Förderer der Künste und - wie man an diesem
illusionslosen Klagelied ohne heroisches Pathos sieht – bedeutender Dichter.

Mir reicht's

Mir reicht's, ich hab die Nase voll. Gedichte schreiben!
Das heißt ja Perlen werfen vor das liebe Vieh!
Die Eierköpfe hocken heut vor Flimmerscheiben,
von Pixeln mehr benusselt denn von Poesie.

Die Technik hat mit ihren magischen Kalkülen
dem Hirn des Herzens angestammten Platz geschenkt –
da müht es sich nun redlich, irgendwas zu fühlen,
und wird doch ständig von der Logik abgelenkt.

Im Frühling, wie viel reiner rinnen da die Quellen,
im Sommer, wie viel schöner schimmert da das Licht!
Der Freak, er weidet lieber sich an Sinuswellen,
Frequenzen sind ihm, was die Sonne heiter spricht.

Wie sollte der am sanften Worte sich berauschen,
am kleinen Bild, das es mit feinem Strich skizziert?
Nie würde er dafür die Strenge tauschen,
die jeden Seufzer aufs Binäre reduziert.

Doch sollt es nicht in Sodom selbst Gerechte geben?
Wenn's nur ein Leser wär – ich hielte ihm die Treu.
Für diesmal aber end ich hier mein Dichterleben,
erschein im nächsten Bande besser wieder neu.

Der Tag entflieht

Die Uhr, ach, wieder einig mit dem großen Schatten,
in den die Nacht das raue Lied der Straße hüllt:
Wie ihre Zeiger nagen – Kumpanei von Ratten,
die ihre ew'ge Gier am Fraß der Stunden stillt!

Nur einen Augenblick ist's zehn, halb elf gewesen,
zu rasch vertilgt das Tier die dul ...

Die Gedichte

Der Tag entflieht	6
Nur	7
Die Schöpfung	8
La Granja, Mallorca	11
Sein Ruhm	13
Der brennende Dornbusch	14
Auf leisen Sohlen	15
Ruinen	17
Jäh	18
O, welcher Tag	19
Millennium	21
Begegnung	23
Im Bruch	24
Er wiegt nicht schwer	25
Zweimal die Fünf	27
Ihr Haar so schwarz	29
Hock hier schon wieder	31
Valldemossa	32
Pan	34
Zum Tod seiner Frau	36
Grashalme	37
Mitte Februar	39
Auf zum Saturn!	40
Gäb's einen Gott	42
Ewiger Frühling	44
Jetzt hock ich wieder hier	46
Wie kann ein Mensch	49
Tagelied	51
Brigid	53
Bildnis einer Dame	54
Wenn ich so hocke	56
Als wäre ein Geheimnis	58
Da dies Geschlecht vergeht	59
Et in Arcadia Ego	60
Am Ufer drüben	61
Enkidu	62

Osterspaziergang	64
Ich weiß nicht	66
Mein Herz wird	67
Ich höre Istanbul	68
Die Zeit	70
Auf den Tod der Geliebten	71
Nach dem Tode der Gattin	73
Schon elf	74
Von unsren Ahnen	76
Weit steht das Fenster	78
An Nanno	79
Die Lebensalter	80
Nimmer geboren zu sein	81
Das Grab der Laïs	82
Radegunde	83
O weint, ihr Grazien	85
Aus der Elegie auf den Tod des Tibull	86
Wenn	88
Der Traum von Beatrices Tod	89
Lass mich	90
Wie soll das Auge	92
Der Alternde	94
Resignation	95
Die Alternde	96
Das Grab Anakreons	98
Wenn ich dahin bin	99
Der stille Zecher	101
Der Greis	102
Aus Pindars Trauergesängen über Gefallene	103
Heut Abend	104
Im Grunde	105
Wie sollte sich das Auge	107
Der Kommissar	112
Hier oben steh ich	115
Der stille See	122
Als ich mich gestern	125
Zu kurzem Leben	126
Ach, Orpheus	127
Ganz streng	130
So kalt im stillgelegten Werk	131

Auch tags ist's hier 133
Man müsste jedem Halme 134
Ein Denkmal, Bildnis 139
Noch eben schufst du Lieder 141
Wer magst du sein 142
Die Ochsen halte an 143
In prächt'gem Rot 144
Antikles, Armer 145
Milet, o Heimat 146
Durch Krankheit nicht 147
Nur wen'ge Verse 148
Ein Knabe war ich schon 149
Dem Ende ging 150
Mond, Sonne und die Sterne 151
Was immer auch 152
Ein hohler Halm 153
Zum goldnen Sternenreigen 154
Die Zeit, uralt 155
Bis zum Morgen 156
Ein rauer Frühlingswind 157
Vom Frühling hab ich 158
Das Dasein, ach 159
Nun werden doch die Tage 160
Auf einmal nehm ich wahr 161
Wie grün war ich einmal 162
Beim Fortschaffen eines Rankgestells 163
Wenn wir 164
Sieh auf 166
Als Kind 168
Und wieder 169
O, ihm ist schlecht 171
Vielleicht 'ne halbe Stunde noch 172
Ein Fleck so einsam 173
Längst Dunkelheit 174
Verzeih mir 175
Das Lied von der bitteren Kälte 176
Mir reicht's 177
Der Tag entflieht 178

Personennamen

Abu Madi, Ilya	66
Agathias Scholastikos	139
Aischylos	148
Akif Pascha	67
Alexander der Große	103
Alkibiades	82
Alkman	94
Alkyone	94
Améry, Jean	28
Anakreon	98, 101, 102
Anaxagoras	126
Andersen, Hans Christian	26
Antipatros von Sidon	82, 125, 126, 127, 147, 148
Anyte	146
Archipoeta	126
Aristoteles	43
Assurbanipal	63
Augustus	86
Baudelaire, Charles	136
Beatrice	89
Beauvoir, Simone de	45
Borchert, Wolfgang	69
Brigid, St.	53
Cao Cao	176
Catull	85, 98
Chagall, Marc	171
Chirico, Giorgio de	130
Chopin, Frédéric	33
Cicero	148
Clodia	85
Clodius Pulcher	85
Comondo, Isaac de	93

Dalí, Salvador	130
Dante Alighieri	89
Delia	86
Demokrit	126
Du Fu	163
Ducasse, Isidore	136
Dürer, Albrecht	77
Empedokles	149
Epikur	79
Epimenides	156
Erinna	141, 148
Florenski, Pawel Alexandrowitsch	131
Froment, Nicolas	14
George, Stefan	136
Gilgamesch	63
Gleim, Johann Wilhelm Ludwig	98
Goethe, Johann Wolfgang	104
Gregor von Nazianz	152
Grünewald, Matthias	77
Guercino	60
Hamsun, Knut	35, 37
Heraklit	91
Hippolytos	125
Homer	138
Horaz	170
Isidoros von Aigeiai	143
Jesus von Nazareth	93
Kakinomoto Hitomaro	72
Kallimachos	142
Kalliope	127
Kanık, Orhan Veli	69, 115, 156
Keyx von Trachis	94
Ku Yün	144
Kūya	159

Laïs   82
Laistner, Ludwig   126
Lega, Silvestro   78
Leonidas   103
Leonidas von Tarent   145
Lesbia   85
Lewitan, Isaak   133, 134
Lukillios   150
Lundbye, Johan Thomas   38

Mączyńska, Magdalena   84
Marcus Argentarius   154
Mei Yaochen   36
Mimnermos   79, 80
Molière   150

Neidhart von Reuenthal   36
Nikias   82

Odysseus   138
Orpheus   127
Ōtomo Yakamochi   73
Ovid   86

Parmigianino   55
Pascal, Blaise   7
Pazarkaya, Yüksel   115
Peeters, Clara   108
Penelope   138
Phädra   125
Pindar   103
Piron, Alexis   100
Platon   10, 43, 97, 102
Pope, Alexander   22
Potiphar   125
Pythagoras   102

Radegunde	84
Rai Sanyō	158
René von Anjou	13, 14
Rombach, Otto	13
Sand, George	33
Sappho	97
Sawrasow, Alexei	173
Schentalinski, Witali	131
Schongauer, Martin	77
Semonides von Samos	95
Shakespeare, William	48
Simonides	98
Sisley, Alfred	93
Spitzweg, Carl	142
Su Shi (Su Dongpo)	157
Theognis	81
Tibull	86
Timandra	82
Tintoretto	58
Toulouse-Lautrec, Henri de	136
Treu, M.	97
Tyrtaios	10
Vrchlicky, Jaroslav	122
Wirth, Gerhard	97
Xenophanes	126